新时代创新驱动研究书系

广西财经学院应用经济学"双一流"学科资助项目
广西财经学院陆海经济一体化协同创新中心资助项目
广西财经学院广西金融与经济研究院资助项目

医药供应链管理创新模式

及其绩效研究

王旖旎／著

西南财经大学出版社

中国·成都

图书在版编目(CIP)数据

医药供应链管理创新模式及其绩效研究/王旖旎著 . —成都:西南财经大学出版社,2022.2

ISBN 978-7-5504-5258-9

Ⅰ.①医… Ⅱ.①王… Ⅲ.①医药产品—供应链管理—研究—中国 Ⅳ.①F724.73

中国版本图书馆 CIP 数据核字(2022)第 016036 号

医药供应链管理创新模式及其绩效研究

YIYAO GONGYINGLIAN GUANLI CHUANGXIN MOSHI JIQI JIXIAO YANJIU

王旖旎　著

责任编辑:王利
责任校对:植苗
封面设计:墨创文化
责任印制:朱曼丽

出版发行	西南财经大学出版社(四川省成都市光华村街 55 号)
网　址	http://cbs.swufe.edu.cn
电子邮件	bookcj@ swufe.edu.cn
邮政编码	610074
电　话	028-87353785
照　排	四川胜翔数码印务设计有限公司
印　刷	郫县犀浦印刷厂
成品尺寸	170mm×240mm
印　张	8.5
字　数	138 千字
版　次	2022 年 2 月第 1 版
印　次	2022 年 2 月第 1 次印刷
书　号	ISBN 978-7-5504-5258-9
定　价	52.00 元

前言

近年来，随着大数据处理、物联网、人工智能等技术和全渠道医药零售网络的迅速发展，国家密集出台了"两票制"①"三医联动"②等政策，持续加大对医药行业和医药供应链的监管力度，并加快了对医药行业供应链进行整合的速度，去中心化并积极发展医药服务平台、B2C（商家对顾客）、B2B（商家对商家）等模式的运用，已经成为当前医药企业发展的主流方向。

如何提高医药企业服务患者需求、降低供应链成本、提升供应链竞争力是医药供应链上的主体企业面临的重点问题，如何打破原有传统的供应链管理思想和淘汰传统的分散独立"以药养医"经营模式，如何综合运用大数据处理、物联网、人工智能等技术，形成以患者为中心的"医药+医疗"供应链平台布局显得尤为重要。

本书从以上问题出发，探索"医药+医疗"供应链平台是否能转变以往医疗机构和医药企业以价格和核心服务为中心的状态，面向患者的就诊、购药场景，需求信息发布和就诊、用药信息反馈，形成以患者为中心的"医药+医疗"供应链平台布局，以国家医药行业相关政策为导向，结

---

① "两票制"是指药品从药厂卖到一级经销商开一次发票，经销商卖到医院再开一次发票，以"两票"替代目前常见的七票、八票，减少流通环节的层层盘剥，并且每个品种的一级经销商不得超过2个。
② "三医联动"就是医保体制改革、卫生体制改革与药品流通体制改革联动，通俗地说，就是医疗、医保、医药改革联动即"三医联动"。

合医药流通企业实际，对医药企业供应链创新模式进行探讨。本书分别从以下五个方面进行了深入分析：

（1）深入分析医药供应链的利益相关者。本书认为，医药供应链包括了医药供应商购买药品原材料、医疗机构和医药生产商采购相关设备、医药生产商通过批发或零售方式给终端用户（患者）提供合适的药品、患者到医院就诊、医生为患者诊断病情等众多组织行为环节，并确定涉及三个重要参与方组织行为环节的为医药供应链的内部利益相关者，而涉及对医药供应链提供政策、金融、物流等服务的为其外部利益相关者。通过利益相关者分析，一是能够对医药供应链的利益结构进行再评估，找出影响医药供应链利益相关者的关键问题；二是能充分挖掘利益相关者需求，找到相关政策存在的问题。

（2）通过医药分离、医疗与医药环节协作，创建了以患者为中心的"医药+医疗"供应链平台，并对平台的创新主体协作模式、新模式信息流通机制、创新供应链技术框架进行了详细分析。

（3）针对我国目前的医药供应链的业务模式，构建医药供应链中的上下游核心企业结构分层网络，对影响供应链中的复杂关系的因素进行了深入分析。模拟了医药供应链网络系统协同竞争演化过程。研究表明，当实施"两票制"改革时，医药供应链网络系统会形成一个完全的特权组织。这是大型研产销一体化企业集团形成的内在机制。

（4）通过对"医药+医疗"供应链特点的分析和其存在以患者为中心的临时需求管理问题的阐述，对"医药+医疗"供应链的价值增值以及绩效评价模型等进行区别分析，提出要想提高"医药+医疗"供应链管理绩效水平，有必要进行"医药+医疗"供应链管理成熟度研究。在系统论的指导下，对"医药+医疗"供应链管理绩效进行系统设计与分析，分析了"医药+医疗"供应链管理系统构成、特征、系统运行结构及其协同程度。最后，研究了"医药+医疗"供应链管理成熟度的提升机制，认为管理成熟度提升机制由成熟度等级、目标、流程域、关键流程等系统因素构成，是一种基于关键流程的、分阶段实施和提升"医药+医疗"供应链管理成熟度水平的系统框架，可以在将其运用于指导"医药+医疗"供应链管理成熟度的基础上，实施更高级别的成熟度提升流程。

（5）建立"医药+医疗"供应链平台，融合医疗及医药产业链、终端用户（患者），实现产业集群效应。通过 VR（虚拟现实）、云计算、物联网等技术线上与线下即时响应患者的需求，使得患者获得最佳就诊、购买药品体验。结合区块链的技术支撑、信息共享、业务流程整合提升，平台打造了医药供应链的新产业生态系统，从而获得价值增值。本书对价值增值进行了详细的分析，提出了相应的政策建议。同时，强烈建议引入最新的医药社区智能终端，提升社区医疗服务水平。本书给出了"医药+医疗"供应链价值增值路径。"医药+医疗"供应链平台创新价值链增值模式就是通过大数据流通机制来打破传统商业模式，并实现创新与重构，并不是简单地将现有的供应链上下游企业各种业态进行叠加。

王旃旄

2022 年 1 月

目录

1 绪 论

1.1 研究背景和意义

1.1.1 研究背景

近年来，随着大数据、物联网及人工智能等技术和互联网的全渠道医药零售网络的迅速发展，国家密集出台了"两票制""三医联动"等政策，持续加大对医药行业和医药供应链的监管力度，并加快了对医药行业供应链进行整合的速度，去中心化并积极发展医药服务平台、B2C、B2B 等模式的运用，这也是当前医药企业发展的主流方向。在"两票制""三医联动"等政策背景下，如何提高医药企业服务患者需求、降低供应链成本、提升供应链竞争力是如今医药供应链上的主体企业面临的问题，也让这些企业思考如何实现医药供应链的协同创新，真正提升供应链的价值。本书将通过分析目前国家医药行业相关政策，结合全渠道医药零售网络和医疗服务有效性，对医疗机构、医药企业供应链所构成的动态网络进行利益相关者分析，进而研究这一网络系统的演进过程，并对医药协同创新供应链绩效进行分析，提出了"医药+医疗"供应链平台管理成熟度提升机制，最后探讨了"医药+医疗"供应链价值增值及医疗改革对策。

近年来，国家医疗体制改革不断深化，积极推动医药流通行业的整合，逐步在全国公立医院进行医保总额预付制、医药分开和药品零加成试点，医药供应链面临着越来越严峻的竞争局面。纵观当前我国的医药市场，依然存在流通层级过多导致的药品流通成本高、流通效率低、药品质量不可控、企业运营的风险增加和药品监管困难等许多问题，迫切需要通过医药供应链的整合来实现医药的规模经济，以提高药品流通的效率和降低流通成本、管理成本。

在国家施行"两票制"政策后，医药生产企业、医院和药店遵守规定的"两票制"，形成了全新的医药供应链模式，新模式更加高效、低成本和可追溯，使医药流通效率得到了大大的提高。伴随着大数据技术应运而生的"医药+医疗"经济模式在各个医院积极推广，逐渐得到了普遍认可。而且随着"医药+医疗"经济模式的不断运用和发展，规模也在不断壮大，医药供应链的模式和效率原因产生的一系列问题也随之显露出来。如何对医药供应链进行创新，使其模式日臻完善是解决医药供应链效率的关键一环。

学者们研究"医药+医疗"供应链平台的最主要目的是实现供应链管理从采购库存转变为按需采购。医药节点企业通过整体协作，对以患者为中心的药品进行按需采购以实现药品供需平衡。如果没有整合供应链，那么每个企业就只会管理自己的库存，供应链网络上的其他企业也会采取独立策略，这种不确定性将导致供应链上存在库存重复问题。而供应链整合，就是供应链成员之间通过信息沟通、联盟合作来协调供应链中的所有库存管理以减少整体供应链安全库存的不确定性。为实现医药产业链的价值增值，提高医药企业创新能力、竞争能力和服务大众的能力，凝练企业间的协同价值，医疗机构和医药产业应该面向终端用户（患者），以市场为导向，着眼于内涵式发展，着眼于快速响应患者需求，从供应链平台运营管理方、医疗机构、医药产业和患者多方实现信息共享，从而获得供应链上价值增值。这一价值增值过程借助于新技术革命，将实现供应链上所有企业的经济效益作为一项系统工程，也能极大地促进医药行业持续、快速地发展。

为了响应市场需求的变化，推动医药企业快速发展，新的"医药+医疗"供应链管理模式应运而生。"医药+医疗"供应链管理提高了医药企业创新能力、竞争能力和服务大众的能力，凝练了企业间的协同价值，实现了医疗机构和医药产业面向终端用户（患者），以市场为导向结成紧密的合作战略伙伴关系。供应链把各企业集成为一个协同合作的系统整体，能联动地对顾客需求进行快速响应，有利于发挥企业核心竞争能力和迅速实现各企业的共同目标。总的来说，开展供应链管理研究结合了当前我国医药产业的新零售网络发展的现状，深入分析影响我国医药产业发展的各种因素，对医药供应链企业的竞争战略有效地进行管理、识别和数据分析，探索"医药+医疗"供应链平台协同创新路径和措施，为医药供应链管理制度的制定提供对策。

实施新的供应链管理模式后，能促进医药电子商务产生，并能够有效地实现信息资源共享。医药企业以内外网与互联网相连的方式，及时按量完成销售任务。通过企业供应链中的信息共享，可以使上下游市场快速响应消费者的需求，按需生产产品，并及时送到消费者手中。将大量分散的企业连接成一个动态的、集成的、虚拟的、全球的供应链网络，是集成供应链管理与 B2B 医疗电子商务相结合的最大特点。它可以降低商品采购成本和物流成本，提高企业对顾客需求的响应速度，及时满足市场和最终客户的需求。

医药市场的利益相关者比较多，对整体医药供应链效率产生影响的因素相对比较复杂，若是分别、全方面、多角度来进行系统分析将会非常困难。我国现行的医药分开制度，其实就是借鉴日本已运行成熟的 SPD（供应、管理、配送）模式。例如像国药控股和东方医院，利用现代供应链管理手段和成熟的信息技术，通过专业化分工，实现医院和供应商各司其职和协同合作——医院承担药师服务和医疗服务，供应商承担药库药房仓储与物流管理配送服务，进一步提升经济效益和社会效益。经过双方周密部署和精心准备，2012 年 11 月 23 日，以医药分开为核心，由国药控股、东方医院参与直接管理的供应链管理示范药房正式运营。

在中国医药供应链整体面临诸多问题的背景下，本研究从"医药+医疗"供应链的角度对中国医药市场"两票制"下的药品市场进行了综合分析研究，探讨如何完善医药产业市场机制，按照市场规律对医药供应链进行演化博弈分析，从供应链网链结构上创新设计医药供应链管理方式。针对中国的具体国情和产业特点，对"医药+医疗"的供应链管理进行了初步研究，提出了发展医药供应链的对策。

1.1.2 研究意义

近年来，随着大数据、物联网及人工智能等技术和互联网的全渠道医药零售网络的迅速发展，国家密集出台了"两票制""三医联动"等政策，持续加大对医药行业和医药供应链的监管力度，并加快了对医药行业供应链进行整合的速度，去中心化并积极发展医药服务平台、B2C、B2B 等模式的运用，这也是当前医药企业发展的主流方向。在"两票制""三医联动"等政策背景下，如何提高医药企业服务患者需求、降低供应链成本、提升供应链竞争力是如今医药供应链上的主体企业面临的问题，也让这些企业思考如何实现医药供应链的协同创新，真正提升供应链的价值。

本研究针对医药供应链本身的特点，结合我国医药体制改革与医药市场发展的具体情况，进行了大量的数据调查，运用博弈论、利益相关者理论、供应链理论、委托—代理理论等理论工具，分析了面向患者、以患者为中心的供应链平台的可能性，将促使医疗机构、医药产品出现潜在良性竞争的发展方向。医疗机构医药生产、零售商都可以借助平台获得患者的精确信息和就诊、购药的个性需求，识别潜在的市场机会，识别企业所面对的市场特征和市场机会。对患者信息、现有竞争者及潜在竞争者进行深入研究，做好企业核心竞争力分析，进一步丰富了医药供应链管理理论以及有利于提高我国大型医药企业供应链核心竞争力，为我国医药供应链的良性发展提供理论参考。

（1）丰富了医药供应链管理理论，有利于提高医药企业竞争力。"医药+医疗"供应链上的企业通过行业协作，寻求一定的企业外部需求，与同行业建立合作或者竞争的战略关系，找准自身在供应链网络中的位置，充分发挥核心竞争力，使供应链中的所有企业都能获得战略决策的价值增值。

（2）有利于医药机构和制药企业的良性发展。当前，中国的政治、经济、文化和社会环境在不断变化，即企业面临的外部环境在不断变化。这些变化有许多是制度性的。制度的深刻变革要求企业适应不断变化的外部环境。医药新政不仅支持医药行业供给侧结构性改革，也对医院药品结构产生影响。有效供应链战略是医药企业适应时代发展的必然要求。全面推广"互联网+"（药品销售、远程治疗），旨在解决"看病难"的问题。医药分开是在医院进行的。医院药品采购采用按量采购、分类采购、药品交换或GPO（药品集中采购组织）等方式。如何正确区分药房托管和供应链延伸，是在保障药品终端供应的基础上，实现药品降价和质量保证的重要一步。

（3）有利于推动医药供应链的进一步协同创新。在新政策、新技术、新模式背景下，本研究可以为医药供应链降低供应链成本、提升供应链竞争力，实现协同创新提供有益的借鉴，以满足日益增加的医疗和医药服务需求，增强医药供应链上各个主体企业的核心竞争力。

本研究的主要目的在于通过对中国医药市场的改革现状调查，分析在中国当前的经济社会背景下，推动医药供应链管理发展的可行性，探索协同创新的供应链管理模式，探究其创新途径，以及具体构建医药研产销供应链的规范条件、转化过程的实施步骤，为推动我国医药体制的改革贡献理论和实践研究成果借鉴。

1.2　国内外研究现状

国内外关于供应链的研究由来已久，并日益为理论研究者与管理实践者所重视，已经形成了比较成熟的理论，主要有以重点研究如何通过调整供应链中分离点的位置来使供应链实现顾客满意目标的精敏供应链理论研究和混合整数非线性规划模型研究两方面。

（1）精敏供应链理论研究。精敏供应链以顾客满意为目标，在精益生产和敏捷制造的基础上通过供应链实现顾客满意。其特征为延迟制造策略、无缝技术集成管理。精敏供应链的理论与实践基础是大规模定制（mass customization）。精敏供应链模式的研究先驱是美国衣阿华（艾奥瓦）大学助理教授本·奈勒等。他们认为，"精益"和"敏捷"这两个不同的概念可以通过成功设计和运营的供应链结合起来，以创建新范式——精敏范式。Alvin Toffler（1987）首次使用该词。随后 B. Joseph Pine（1993）第一次对规模经济中的大规模产品定制和产品服务进行了系统论述。Davis（1989）将"大规模定制"定义为可以通过高度敏感、灵活和集成的过程为每个客户单独设计的产品和服务，以表达不牺牲规模经济可能性的愿景，即以一种单一的生产模式进行个性化产品制造，以满足客户的个性化需求。美国生产与库存控制协会（1999）认为：大规模定制是一种创造性的大规模生产过程，大规模定制解决了生产规模经济与客户个性化需求之间的矛盾。

（2）混合整数非线性规划模型研究。Goodarzian Fariba、Kumar Vikas、Ghasemi Peiman（2021）提出了一种新的多目标优化方法。他们认为，以最小化药品总成本和药品到医院或药店的交付时间，可以实现最大化运输系统的可靠性。另外，他们还针对生产—分配—库存—订单—物流问题提出了一种新的混合整数非线性规划模型。

1.2.1　国外医药供应链管理研究

（1）国外一体化医药供应链管理。在国外，供应链管理技术比较完善且应用十分广泛。欧美医疗物流分销商的几乎所有产品都直接从厂家采购，供货周期非常可控。同时，上游供应商与经销商共享信息。每当物流中心库存低于一定数量时，供应链管理中的计算机系统会自动生成采购订单，供应商可根据订单信息及时供应所需货物。这样一来，优化了整个供应链的库存。由于供应商可以及时准确地供应物流中心需要的商品，药品物流中心可以根据实际销售情况制订采购计划，公司可以在保证不缺货的前提下，尽量减少库存，厂商也可以根据市场和销售情况的变化及时制订生产计划，从而实现销售和生产协调，避免生产的盲目性，避免不必要的资金压力，降低运营成本和风险。同时，厂商与经销商的结合，有利于双方合作，加强对市场和终端客户的控制，共同提升市场竞争力；另外，医药供应链管理一体化有利于收集、跟踪和研究新药的疗效和药物不良反应数据，使生产企业能够及时改进药品配方；优化生产工艺，适时调整产品结构和营销策略，以适应市场变化。

（2）整个医药供应链采取集成化的信息共享服务方式。欧美大型物流企业在一定程度上类似于第四方物流管理公司，为最终用户（患者）提供物流配送、信息化解决方案。患者需求信息、销售药品网站、智慧药店与医疗机构的对接、企业在线采购、仓储管理系统、医院药品配送系统、支持药企在线直销、急救物资配送与跟踪等系统都在平台集成并允许供应链上的所有企业查询，实现信息共享。医疗物流市场的集中度通过平台集成，并强化了原有大型物流企业的作用。

（3）医药企业供应链的信息平台接口能力很强。欧美医药物流经销商使用的仓储管理软件具有操作界面简单、操作智能化、培训简单易懂等特点，同时由于基础数据非常强大，仓储管理软件可实现与企业内部信息系统和设备控制的无缝对接。如支持批量加工订单，准确计算仿真件的数量和体积，可进行批发数量和质量跟踪等。欧美物流经销商的业务范围已延伸至医院库存管理，帮助医院开发库存管理软件，优化医院库存，保证医院药品需求，降低医院药品成本。

1.2.2　国内医药供应链模式研究

国内专家学者对医药供应链模式的研究主要集中在供应链的数据共享与业务协调、供应链与新的信息技术结合形成新形态方面。在现代化物流管理体系中，医药供应链形态经历了物流管理阶段、价值增值阶段、网链阶段、新兴形态供应链等几个阶段。

1.2.2.1　医药供应链创新模式研究

有学者通过定义医药流通企业与不同的合作对象合作，开发推出不同的供应链管理模式，并分析了这些模式的特点。

根据政策导向，张光明提出了医药供应链的创新模式。该模式的特点是：①全产业链协作。为实现需求、库存、物流信息的实时共享和可视化，必须实施全产业链深度融合，这也将有利于医药企业优化生产资源、提高质量和效率、实现药品质量问题可追溯。②"医疗+医药"跨行业协作。随着国家医改政策的不断推动，全渠道零售网络的迅速发展，电商模式被广泛运用于医药销售中，"医疗+医药"供应链平台成为当前医药供应链的主要发展趋势。③打造线上医药云服务平台。运用数字技术和云服务平台，整合医药供应链上的制药商、批发商和零售商及医疗机构，提供健康咨询、看诊预约、非处方药品线上采购等服务。④利用"医药+医疗"供应链平台整合利益相关者的资源，信息共享，构建线上与线下零售业务，促进行业协作和跨区域智能医疗和医药信息服务，协助最终用户（患者）完成从自我咨询到购药全过程。张光明进一步提出了将医药供应链、药品生产产业链和政府政策扶持链的融合模式。

1.2.2.2 医药供应链创新主体研究

张光明认为，随着全渠道零售网络的迅速发展，医药供应链的各个主体必须明确自身在供应链网络中的位置，并做出合适的战略决策。这也就决定了具有个性特征的医药企业必须通过不同的模式与其他企业进行合作和创新，以期实现高效配送、合理采购、定制物流、供应链管理等。医药供应链中的各利益相关者在资源得到充分利用与整合的情况下，可以获得更高的供应链价值，更加高效的医药供应链的运作。笔者根据对目前医药供应链现状的分析，总结出以下几种主要模式：

（1）跨境医药电商平台+医药智能配送

该平台可以将国内医疗物流企业强大的物流仓储能力与海外市场跨境电商交易平台丰富的供应商资源相结合，将海外原厂进口的物美价廉的医疗产品导入国内。

（2）医疗平台+医药智能配送

医疗平台利用大数据、物联网、人工智能等技术，以及医药物流企业在药品等健康产品上的供应链优势，包括自身医疗团队、外部签约医生、线下医疗网络资源等，使用"移动医疗+人工智能"为基层的卫生院和药房提供服务链，形成网上咨询和网上购药、网上咨询和线下医疗服务双通道服务，通过产业链，也能有效提升底层医疗机构的医疗服务能力。

（3）物联网+医药智能配送

《中国智慧物流2025应用展望》和贝恩咨询机构在其调研报告中均提出

"新零售网络的革命是数字化平台提供的物流企业核心竞争力"。大数据、物联网及人工智能将提供更大的平台，促进信息的公平公正流通，创造更大的医药供应链的商业和社会价值，通过提升大数据的预测能力，对上下游物流系统进行整合。大数据的预测能驱动医药企业仓储优化，智能调度系统能大幅度提高物流效率。

（4）医养结合（医院+养老机构+医药配送）

医养结合是将医院功能与养老机构相结合、生活护理与康复护理相结合的一种新型养老服务模式。因此，结合医疗保健和医疗物流企业高度合作，为医药供应链上的经销商、医院和最终用户（患者）建立沟通的渠道，提供医疗与养老等服务。

1.2.3　合作伙伴问题研究

邓生君探讨了我国医药流通企业与供应商合作关系的形成及其制约因素，通过运用调查的方法，建立了我国医药流通企业供应商评价指标体系。余根强认为企业并购的战略目标是培育企业核心竞争力，分析了企业并购与供应链管理的关系，探讨了供应链管理在企业并购中的指导作用。因此，医药供应链管理涉及供应链的各个方面，其最终目标是提高供应链的运作效率。

1.2.4　医药供应链节点企业研究评述

关于医药供应链节点企业这方面的文献较多，但研究内容比较分散，具体综述如下：石庆原等在其《我国医院的供应链管理模式与构建》中从供应链及其概念入手，对医药供应链的现状和发展趋势进行了分析，构建了医药供应链的结构模型，分析了医院在医药供应链中的地位和作用，并对其在供应链管理模式下的运营和管理进行了研究和探讨。宋皞在其2003年发表的硕士学位论文《国有小型医药批发企业改制与发展研究》中，认为国有资产在药品批发企业供应链管理方面的小文献较多，但研究深度不够。路洪泉通过医药行业分析，认为医药商业企业要建立基于供应链的竞争优势，把供应链视为一个协同创新体系，企业有动态调整自身在体系中位置的需求，通过信息共享、战略决策、打破链上企业的障碍，做到供应链的统一和协调。张建中通过对医药行业采购供应链的研究，分析了企业在物流方面的关键控制点和业绩控制指标，并通过对一些跨国制药企业的成功案例和经验进行分析，认为国外先进供应链管理值得中国制药企业借鉴。潘波在其2005年发表的硕士学位论文《供应链管理在药品生产企业成本控制中的运用》中，从制药企业的实际情况出发，探讨了成本控制在制药企业采购、利用外部资源（业务外包）和库存在供应链管理中的应用，提出了基于成本控制的药品生产企业供应链管理改进建议。黄朔、陈剑在《药品流通供应链评价指标体系的构建思路探讨》中提出药品流通领域有其特殊点：医药品具有很强的社会效应，具有准公共品性质，市场竞争与政府干预同时存在，存在需求不确定性和低价格弹性、信息不对称、第三方支付等特点。该文从供应链的角度，研究如何评价"医药+医疗"供应链平台中大型医药企业运营效率，并认为医药生产企业的影响主要在于其营销系统与财务结算体系。由于大型企业实力雄厚，多采用高开模式，"两票制"对其影响不大；对于中型企业而言，其也具有一定实力，"两票制"可推动其运营效率提升。而对于小企业而言，其实力有限，要改革其营销系统与结算体系，面临较大的压力，短时间内难以提升其效率，反而会使得运营效率下降，因而面临被整合与破产的局面。但小企业具有较强活力，对吸纳社会就业具有较大的作用，因此，政府需要关注小医药生产企业在"两票制"下的生存与发展，不宜采用"一刀切"的政策。政府需出台相关政策帮助小企业度过"两票制"带来的危机。必须区分层次，注重过程。荣德义在《浅议药品物流成本控制的途径》中从我国传统药品物流模式的缺陷和国外实施 JIT（敏捷制造）的成功经验两个方面，探讨了如何实现药品物流的 JIT 模式，并指出供应链管理的核心内容是战略供应商和用户伙伴关系管理；促进医院和医疗供应商通过信息共享平台实现信息的及时传递，以建立药品物流 JIT 模式，降低整个医药供应链的物流成本，降低药品价格。

然而综合目前国内外有关医药供应链管理问题的研究，笔者发现在医药供应链领域还存在一些不足：

（1）医药供应链创新理论框架不完善。

（2）医药供应链业务主体获得信息能力不同，医药供应链管理智能化与集成度不强，缺乏对医药供应链运行过程的有效的动态性监督体系。

（3）医药供应链信息不对称问题没有得到根本解决。主体和消费者主体之间缺乏信息沟通渠道，医药供应链信任问题比较突出。

现有的研究表明，在全渠道零售、互联网背景下，医药供应链的参与主体多、运作过程复杂，医药供应链各个主体必须以不同的模式实现协作创新。结合当前国家医药行业相关政策与医药企业运行实际，大多数的研究都试图从"两票制"的视角，探讨现代医药供应链的创新模式和机制，以满足医药供应链实现数字化与智能化、互联网+医药+医疗服务多元化的需求。因而，本研究认为，对于医药供应链的现有研究还有进一步深入的空间：

第一，"医药+医疗"供应链平台应用场景的研究。通过对供应链上的各个节点和利益相关者进行分析，探索构建现代医药供应链协同创新的新模式，探究实现供应链节点利益最大化的途径。

第二，提升医药供应链管理成熟度的研究。通过进一步优化"医药+医疗"平台建设，不断完善供应链创新机制，逐步提高医药供应链的运行效率和管理效率。

1.3 研究内容、研究思路和技术路线

1.3.1 研究内容

本研究共分为8部分，具体内容如下：

第1章是绪论，主要阐述了本研究的研究背景及研究意义、国内外研究现状、研究的方法与创新点和研究内容；

第2章主要针对我国医药供应链的相关理论进行分析，运用博弈论、公共治理理论、利益相关者理论和协同创新理论分析当前我国建设医药供应链的重要性和必要性，以及我国政府对医药市场的管理机制、管理办法和措施方面的特点，着重分析我国医药供应链的政府管制改革，并从医药行业的产品特性、行业主体特性、自身运行特性三个方面进一步分析医药供应链的特殊性。

第3章主要对医药传统供应链上的各个节点企业进行利益相关者分析。利益相关者理论关注的是组织行为过程中受到影响的个体，并尽量满足所有个体的利益和需求。将利益相关者理论应用于医药供应链的分析评估，为创新医药供应链模式打开了一个新的视角。当前我国的医药供应链有延伸至患者服务中的发展趋势，因此，有必要对医药供应链中相关利益群体进行详尽的分析。通过利益相关者分析，能够进一步评估医药供应链的利益影响关键因素，并充分挖掘利益相关者需求，判断政策导向是否可行。

第4章主要对"两票制"和"三医联动"背景下的医药供应链协同创新模式进行研究，以"医药行业供应链管理"的业务场景为着手点，通过研究"两票制"和"三医联动"背景下的医药供应链问题，梳理出了终端消费者、医药器械和药品生产商、医药服务运营平台、第三方支付、监管机构和其他平

台等利益相关者的运作方式、优势、劣势和适用范围，并对创新路径进行详细分析，提出了实施"医药+医疗"供应链协同创新模式的可能路径。同时，通过对医药供应链进行优化，实现灵活便捷供应。通过分析医药供应链利益相关者，重新定义医药供应链的创新主体。转变以往医疗机构和医药企业以价格和核心服务为中心的状态，构建面向患者的就诊、购药场景，需求信息发布和就诊、用药信息反馈，形成以患者为中心的"医药+医疗"供应链平台布局，并给出了供应链平台的实现机制。

第5章主要讨论医药供应链中各主体之间的协同创新，并对医药供应链的主体发展策略进行了演化博弈分析，以最终用户（患者）为中心，驱动医药企业产品定位，供应链上的相关企业要确定自身在供应链网络中的策略选择。并对影响供应链中的复杂关系的相关因素进行了深入分析。

第6章主要对医药供应链创新模式的运营效率实例进行分析。综合经典的供应链评价标准（体系）、方法，以及国内外学者的研究成果，结合本研究内容特色，对"两票制"背景下的大型医药企业运营效率进行分析，并通过问卷调查与准自然实验数据分析的方法，确定大型医药企业规模（按照演化博弈分析的动态调整企业类型和规模）对供应链整体绩效提升的价值。

第7章主要对"医药+医疗"供应链平台进行部署，通过VR、云计算、物联网等技术线上与线下即时响应患者的需求，使得患者获得最佳就诊、购买药品体验。结合区块链的技术支撑、信息共享、业务流程整合提升"医药+医疗"供应链运营管理水平。并且对平台构建的全新的产业生态系统进行价值增值分析。

第8章是结论与展望，对本研究的总体理论和实践做了总结，并对医药供应链构建中供应链合作伙伴和创新价值链提出了合理化的政策建议和实施策略。同时也对本研究进行了认真的进一步思考，总结了本研究内容，指出了研究中的不足和存在的问题，对未来的研究方向进行了展望。

1.3.2　研究思路

本研究遵循提出问题→分析问题→解决问题的思路。首先针对医药供应链目前存在的问题进行梳理，考察研究实例企业供应链，按照医药供应链存在的问题→"医药+医疗"的业务场景和各利益相关者分析→"医药+医疗"供应链协同创新路径可行性分析→构建"医药+医疗"供应链协同创新模式→"医药+医疗"供应链平台管理绩效提升机制→"医药+医疗"供应链价值增值分析。本研究内容的逻辑关系为：

（1）第1章分析医药供应链存在的问题，提出研究框架。

（2）第2章对研究中需要运用的理论进行分析，说明本研究的必要性。

（3）第3章对医药传统供应链上的各个节点进行分析，对利益相关者进行分析，有利于构建"医药+医疗"供应链平台。

（4）第4章对协同创新模式下的价值链进行分析，提出了构建"医药+医疗"供应链协同创新模式的可能路径；从"两票制""三医联动"改革的要求出发，以协同创新打造更为灵活便捷的医药供应链模式；重新定义了供应链主体、指出创新模式的总体特征；构建了"医药+医疗"供应链平台，通过搭建这一平台可以实现供应链网络上的实体药店或批发商、大型医药生产商、患者及医疗机构之间的即时沟通。

（5）第5章对"医药+医疗"供应链绩效评价的研究范畴进行界定并建立整体框架。然后，运用演化博弈模型针对"医药+医疗"供应链网络绩效机理进行分析。供应链管理的实质就是协同合作。对"医药+医疗"供应链上的企业进行现状与市场竞争环境分析，分析了"医药+医疗"供应链的全生命周期管理、绩效评价原则和体系组成，为进行"医药+医疗"供应链绩效评价提供了假设前提和理论基础。

（6）第6章提出提高"医药+医疗"供应链管理绩效水平有必要进行"医药+医疗"供应链管理成熟度的研究。并在系统论的指导下，对"医药+医疗"供应链管理绩效进行系统设计与分析，分析了"医药+医疗"供应链管理系统构成、特征、系统运行结构及其协同程度，进一步研究了"医药+医疗"供应链管理成熟度的提升机制。

（7）第7章通过搭建"医药+医疗"供应链平台，可以实现供应链网络上的实体药店或批发商、大型医药制造商、患者及医疗机构之间的即时沟通。并对链上企业进行价值分析，认为这一平台可以有效降低链上医疗机构、医药上下游企业的运行成本，提高企业管理和运营效率并创造出更多企业价值，从而获得价值链网络体系的价值增值。

（8）第8章总结了本研究内容，指出了研究中的不足和存在的问题，对未来的研究方向进行了展望。

1.3.3 技术路线

本研究的技术路线详见图 1.1。

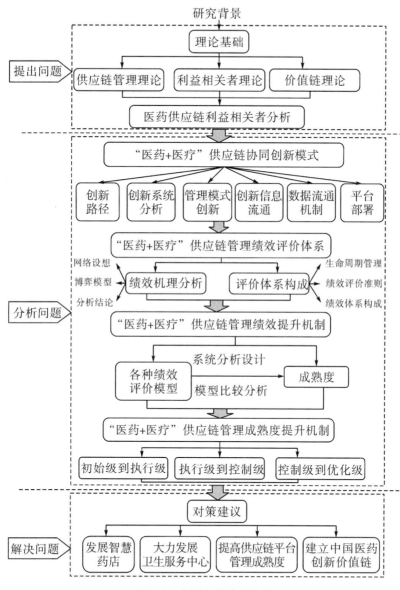

图 1.1 本研究的技术路线

1.4 研究方法

本书主要使用了以下研究方法：

（1）文献研究法。通过认真查阅国内外相关研究文献，笔者明确了研究范围和研究内容，为本研究的实验设计、数据分析与讨论等后续研究奠定了坚实的理论基础。

（2）理论研究法。本研究深入探讨的是在"医药+医疗"业务场景下供应链数据流通过程引入区块链来解决应用过程中出现的难点和痛点的问题，涉及公共治理、企业管理、政府监管、业务场景等多种学科知识要素。笔者以广泛搜集到的国内外相关理论研究成果和研究进展作为研究的理论积累，系统地去了解"医药+医疗"供应链的基本原理及其业务运作流程，为医药供应链研究的良好开展提供研究理念和研究框架借鉴。

（3）实证分析法。笔者通过收集实际案例和数据，进行整理和综合分析，并依据供应链管理的技术特性，以"医药+医疗"场景中的业务逻辑为实证进行分析，对协同创新的总体架构进行了设计，提出以最终用户（患者）为核心的医药供应链平台建构设想。

1.5 研究的创新点

本研究在以下几个方面进行了一些创新性的讨论：

（1）提出了"医药+医疗"创新协同模式。根据现有"医药+医疗"利益相关者之间的平台数据共享，提出建设"医药+医疗"协同创新体系，提出以"医药+医疗"的消费行为数据为流通对象的供应链，可以为日后的消费信用评级提供可靠的参考。

（2）构建了"医药+医疗"供应链创新模型。从"医药+医疗"的应用场景出发，本书分析了平台内利益相关者的情况，构建了"医药+医疗"的整体框架，设计了供应链创新模型、模式的业务逻辑和相应的网络设计框架。

（3）进行了"医药+医疗"供应链管理绩效提升机制研究，以探讨医药供应链管理在大型医药企业创新模型中的运营效率。

2 理论分析

进入 21 世纪以来，世界医药产业格局和销售运作体系发生了巨大变化。在全球范围内，新的医疗器械不断涌现，为患者提供更好的护理，但与此同时，药品成本持续上涨，降低成本、减轻患者负担成为制药行业必须解决的问题。为了应对这样的压力和挑战，医药行业的各个企业只有通过与产业链上的相关经济主体协同创新，以及与末端的诊所、医院或患者进行有效的沟通和合作，才能最终降低成本。

2.1 供应链管理理论

2.1.1 供应链的基本概念

供应链概念的形成经历了一系列的发展过程。在早期，供应链特指制造企业中的一个内部制作过程，即企业通过制造、加工等生产活动，将从外部采购的原材料和零部件，转化成最终产品并销售给终端用户的行为。此时，供应链的概念局限于企业自身的资源整合，集中在企业内部操作活动。从系统的角度来看，早期的供应链概念，没有考虑到企业外部环境。供应链不应该是单一企业的发展，整体效率的提高必须考虑与外部节点组织的联系。

通过梳理供应链理论来源并对各种定义进行区别分析，可以看出供应链理论遵循了"经济链"→"价值链"→"网链"的发展过程，如图 2.1 所示。

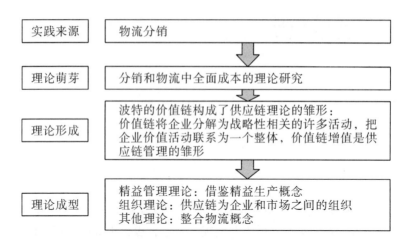

图 2.1　供应链管理概念框架

逐渐地，供应链的研究对象也从单一企业内部制造行为扩大为不同企业的制造、组装、分销、零售等行为，研究范围更为宽阔，理论研究更加系统化。

美国专家 Stevens 教授认为，供应链就是"通过增值过程和分销渠道控制从供应商的供应商到用户的流就是供应链，它开始于供应的源点，结束于消费的终点"。这里是从上下游企业的角度进行的供应链定义。目前，供应链的理论提出了核心企业的概念，关注以核心企业为中心的网链关系。我国学者马士华教授认为，供应链是围绕核心企业，将制造企业、批发企业、零售商和终端用户连接成一个整体，具有完全功能性的价值链结构。它把原材料从采购开始，到最终产品的制成，到通过销售网络把产品送到终端用户手中。正如 Hammsen 教授提出的，"供应链是执行采购原材料、将它们变为中间产品和成品，并且将产品销售到用户的功能网络"，如核心企业与供应商及其向上关系、核心企业与用户及其向下关系。

2.1.2　供应链管理的基本概念

与供应链的定义相类似，供应链管理必然会随着供应链定义的差别，随着信息系统、数据库、互联网技术的发展使人类社会活动中越来越多的内容被数字化记录而逐渐更新概念。

（1）为了提高存量数据资源的加工效率，近年来，医药行业大量运用云计算、大数据技术降低处理成本。在此背景下，数据流通从产生端到应用端的传递，使得最初的原始数据改变了原有的使用场景，变更了其使用目的和对象，数据资源的价值不断通过这种变更产生更多的应用价值，从而优化了资源配置。随着大数据处理技术的发展与应用，这一过程就成为数据流通过程数据价值的重要环节。此过程也就是数据流通并传递以促进价值增值的途径。医药企业在国际市场的竞争力往往取决于数据资源的加工效率，供应链的各个环节通过协调和集成，就可以实现效率提升和价值增值。对于医药企业内部而言，只有加强医药企业内部各部门之间的协同创新，降低所有企业运作成本，才能进一步提高产品质量；而对于医药企业外部而言，则需要通过建立与它们长期合作的伙伴关系以达到同样的提高产品质量目标。与此同时，医疗机构和医药产业应该面向终端用户（患者），以市场为导向，着眼于内涵式发展，着眼于快速响应患者需求。

（2）"牛鞭效应"（Bullwhip Effect）通常是指，供应链企业职能部门内部通常只追求自身利益，部门间缺少有效的信息沟通与合作，即 Forrester 教授提到的"一个微小的市场波动会造成制造商在进行生产计划时遇到巨大的不确定性"。运用这一理论解释医药供应链即是：因为追求自身利益而导致的药品批发商、零售商销售量细微变化会大于其向最终用户（患者）销售量的波动，而且这种细微变化量将会沿着供应链向上游不断扩大。"牛鞭效应"会导致医药制药公司的药品成本过高及质量低劣、库存积压、销售周期变长等问题。

（3）信息技术的发展促进了世界各国之间文化和管理理念的融合。现代供应链管理理念的逐步形成以及组织结构转变源于产品和医药制药公司数据交换和各种信息系统的应用。

（4）供应链管理的发展还依赖于业务流程重构。通过分解整条供应链的业务流程，并对其进行良好的管理，可以创造更多的供应链价值。供应链企业内部业务流程重构，效果十分有限。将企业内部业务流程重构思想扩展到整个供应链网络的节点企业之间是供应链管理应该着重考虑的方向，这能有效促进本企业及供应链上相关企业业务流程价值增值。对于重构原材料供应商、制药商、药品批发与零售商各自的业务流程，我们通常强调的是企业内部各职能活动的协调与集成。但供应链管理则着重重新设计原材料供应商、制药商、药品批发与零售商之间业务流程的集成。

2.1.3　供应链管理与现代企业成本管理

现代供应链管理对当今企业的成本控制的影响越来越明显，与企业成本管理密切相关，主要体现在以下几个方面：

（1）供应链管理和成本管理贯穿企业长远利益的始终。一般来说，企业成本管理考虑的范围涵盖了核心企业、供应商、分销商、服务商和客户即整个供应链，而并非单一企业。因为在某一个节点上，供应链整体的最小成本与企业个体会存在差异，不可能达到一致。运用供应链管理和成本管理去综合考虑上下游企业及其合作伙伴之间整体的成本，再进行正确决策，可以避免企业利益损失，有利于企业的长远发展。

（2）供应链管理可以提高客户满意度，降低管理成本。供应链管理可以有效地进行市场占有率分析，并根据用户的需求来采购，因而从企业效益来看，可以将供应链上各企业损失降到最低，实现提高企业服务质量、提高客户满意度的目标。

（3）供应链管理可以帮助企业进行有效决策。供应链上的各个企业通过协作配合，实现优势互补和资源共享。因此，一个企业的采购计划、生产计划和库存优化控制等信息能及时与其他合作伙伴进行交流，使各企业的成本管理得到有效实施，使企业能对供应链系统所处的内外部环境进行风险因素分析，为正确决策提供信息依据。

（4）供应链管理可以全面优化和控制企业成本。在现代企业产品成本中，原料制造成本所占的比重已经越来越小，成本管理不单单只是控制产品的生产成本，还有生产耗费、存货成本等。而信息的差异化可能会导致企业成本比重越来越大。现代供应链管理建立了科学的库存管理制度，给企业成本管理带来了极大的便利。首先，供应链是由多个企业所组成的企业联盟，供应链上的成员企业有长期稳定的合作关系，便于成本控制；其次，供应链上的成员企业沟通频繁顺畅，使各成员企业能及时获得准确的数据，可以减少供应链中企业的存货量，以减少企业的存货成本，实现企业经济效益的提高。

2.1.4　医药供应链的特殊性分析

从一般结构上看，表现为制药企业从供应商购买原材料、设备、配方并加工成药，因为依据中国医药行业相关规定，制药企业不能分设位于不同地方的仓库或者直接进行零售，而必须通过批发商或者药店进行药品销售。因此，医药行业供应链与其他行业的供应链比较类似（详见图 2.2）。

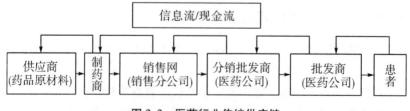

图 2.2　医药行业传统供应链

从产成品来看，本书所研究的医药市场参与主体构成的分销体系如图 2.3 所示。但是，医药供应链与其他行业的供应链相比有所不同，医药供应链中的核心企业为大型制药企业，关键企业成员之间不仅仅是购买与销售的联系，而且因为医院的存在，医生的专业水平可以决定终端用户（患者）的购药偏好，无形中，医生成了医药产品的间接购买者。制药企业与终端用户（患者）之间的沟通则相对匮乏，使得整个供应链网络陷入低效运行状态。

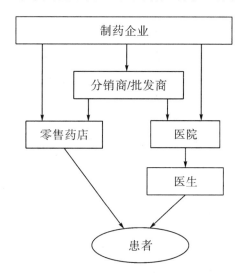

图 2.3 医药传统供应链分销体系结构

因为行业特殊性、信息不对称以及医药企业的战略决策的不同，构成供应链网络系统有动态演化的趋势。动态演化的网络系统对供应链上医药行业运营的不确定性影响增加，使得医药企业的库存周转率和其他行业企业相比会相对低一些。由此，我们可以看出，传统的医药供应链的主要特征表现为高库存和产品流动差，还有缺乏即时信息管理等。

为了挖掘出产生上述特征的重要原因，有必要对其特殊性进行分析和研究。

2.1.4.1 医药产品的特殊性

药品是供应链上的一种特殊商品，其在流通和使用过程中会展现五种特殊的属性：

（1）不可替代性。药品区别于其他普通商品的最独特的属性是其不可替代性。即便同一类药品，在不同的顾客的使用过程中也是无法完全替代的。也就是说，专用性、唯一性、不可替代性是药品的特定属性之一。

（2）双重效用。药品必须在政府或者行业相关部门的监管下使用，像麻黄是很重要的经方配方药，但是，使用不当，会严重危害患者的健康甚至威胁患者生命。目前，它也是毒品市场的不稳定因素之一。

（3）信息不对称。药品对于患者来说，是必需品，其价格几乎对市场需求量无甚影响，这也是造成药品销售对作为药品间接消费者的医生进行寻租的重要原因。医生的专业技术水平对患者的药品使用造成极大影响，药品的定价也就居高不下。

（4）准公共品属性。药品市场会出现"市场失灵"。由于信息不对称，导致药品价格与价值并不匹配。定价并不会影响到药品的市场需求量，不能完全由市场机制调节。这个时候，由政府调控就显得尤为重要。

2.1.4.2 行业主体的特殊性

医药供应链市场所具有的特殊性，不仅仅是作为最终产品的药品具有特殊性，还有作为供应方的行业主体也具有特殊性，主要有以下几点：

（1）医药服务行业凭借其高度的技术性和专业性，最终用户（患者）一般来说更多地倾向于听取作为间接药品消费者的医生的建议，最终用户（患者）很难根据自己的需要，有目的地加以选择和利用，买卖双方是不可能处于平等地位的。这是因为，最终用户（患者）一般不可能具备医生那样的医学和药学知识，这种卖方垄断倾向使得最终用户（患者）处于弱势地位。因此，最终用户（患者）通常不能准确判断自己的购药行为是否适当，对医药服务商具有很强的依赖心理，在购买医疗服务和医药过程中处于被动地位，易受医药服务商和医疗机构的支配。

（2）医药服务行业需要从业人员具有较高的职业道德。对于最终用户（患者），不能因为其地位的高低和财富的多少而区别对待，而应该表现出应有的尊重与关怀，这也是医生和医药工作者应该具有的职业道德，这样才能获得最终用户（患者）的信任。最终用户（患者）和其他供需双方的心态是不一样的。最终用户（患者）在就诊的过程中少有轻松、积极的心态去对待，大多怀有忧郁和恐惧情绪。

（3）医药供应链组织具有多重目标。从准公共品性质这一角度来说，医疗机构不应该只为营利，其核心应该是"全社会身心健康"。所以效益应被放在其次。医疗机构在确保基本的医疗水平的前提下，更应该注重社会形象，承担起更多的社会责任。此外，医疗机构并不仅仅承担了相应的医疗、医药等服务，大多数还承担了高等教育的角色，通常不可避免地还有教学、科研工作。

（4）时效和延续性是医疗服务的另一个重要特征。对于慢性病患者来说，就诊过程并不是一次就可以完成的，必须有反馈和后续跟踪，特别是慢性病患者非常依赖长期为其看病的医生。这种特殊的关系，必然使得最终用户（患者）和医疗机构或医药从业者的关系越发密切。

（5）医药行业的产品具有准公共品的性质，必然也会受到政府监管或者约束。同时，由于药品的特殊性，事关广大人民群众的生命安全，因此，从医院、药店的设立到医师执业资格和药品的批准文号的审批都必须处于政府监管之下，受到相关医药法律法规的约束。为了促进医药供应链市场的政府监管和调控的不断完善，必将出台更多的法律法规文件。

2.1.4.3　供应链管理中政府调控的作用异常重要

如前所述，同其他产业供应链不同的是，在这一供应链上的任一节点主体都无法担当起"管理者"的角色。因为产业供应链所提供的产品的准公共品特性及其市场竞争的不完全性，任一节点主体都会在利益驱动下争取垄断利益，如我国的医疗服务提供企业。为保障所有公民获取平等医疗服务的权利，政府介入供应链的管理是必然的。由此引发的问题则在于如何协调政府与各节点主体之间的关系，而这也成为医药供应链创新管理的核心问题。

综上所述，鉴于市场需求与产品特殊性的医药供应链，在运作与管理过程中显示出与其他产业供应链不相同的特性。而对这种具有准公共品特性的市场，我国必然基于对每位公民健康权利的维护，而加以较强的政府干预。在这一市场机制与国家调控两种机制同时发挥作用，其中某一节点主体——医院占据主导地位的供应链中，如何整合各节点主体，保证其产业供应链的价值创造与价值分配活动得以正常运行，提升供应链整体的价值是一个值得研究也是亟待解决的问题之一。

2.1.5　医药供应链管理的界定

综合梳理以上内容，基于医药行业的特征，本研究将医药供应链定义为：以大型医药企业为核心企业，辐射上游原材料供应商、设备供应商和下游医疗机构及终端用户（患者）组成的网链，其中，企业、医院、患者均是供应链上的节点，节点与节点之间是一种供需关系。医药供应链是价值增值链，利用管理中的计划、组织、指挥、协调和控制、激励等职能，对药品和流通过程中涉及的物流、信息流、资金流、价值流和业务流进行合理梳理和调控。医药供应链上有原材料供应商、设备供应商、批发零售商等一系列医药企业。而医药供应链管理则是联合药品生产和流通过程中所涉及的供应商、生产者、中间商和零售商，通过共同计划、信息共享来提高供应链中各成员的运行效率和运营效益。其具备以下特征：

（1）复杂性。医药供应链的节点企业不是同一行业的企业，跨度比较大，结构模式与单一行业供应链的模式存在很大区别。

（2）终端用户（患者）。医药供应链的构成、动态变化都是基于终端用户（患者）的需求而发生的。在医药供应链的运作过程中，信息、产品、资源流的融合都受到终端用户（患者）的驱动。

（3）动态性。医药供应链上的核心企业指大型制药企业、医药批发企业、零售企业等。为了顺应企业战略调整的要求和适应市场需求，这部分核心医药企业会进行动态的改变，使得供应链也呈现出动态性。

（4）交叉性。医药供应链的网链结构不仅包括了医药行业企业，还有上游供应商、医疗机构。医药众多行业形成供应链的交叉结构，难以进行协调管理。

医药供应链管理应该着眼于从整体出发，构建上游原材料供应商、设备供应商和下游医疗机构及终端用户（患者）的网络体系，最大限度地减少内耗与浪费，实现供应链整体价值增值。

本研究关于医药供应链的定义的提出对医药行业的发展将起到积极作用，原因在于：

（1）医药是一种特殊的商品，医药品的使用不仅涉及医药企业的管理，还涉及医生的专业技术水平，涉及众多的原材料、中间产品以及药品的批次和有效期管理等。

（2）药品是特殊的商品，行业对于药品制造商与医药批发及零售企业，医院之间的供销、账务及退货等流程的处理也都有特殊规定，需要大数据、物联网及区块链技术提供支持。

（3）实现了对医药的科学准确预测和需求管理。

对医药企业来说，多点控制因素的管理非常重要，也是医药企业亟待解决的问题之一。有效的医药供应链管理可以满足这些需求的最佳方案，例如在企业的选址、企业最佳的库存量、企业适时的优惠促销活动，等等。供应链管理理论使得现代医药企业的竞争不仅在供应链节点企业之间，而且在整个医药供应链和分销渠道之间展开。在市场经济日益发达的今天，现代企业之间的竞争是供应链和供应链之间的竞争，涉及供应链上的药品生产企业、批发商、物流配送、零售药店和消费者（患者）等环节。以前受传统管理体制的影响，很多中国的医药行业企业并不重视供应链管理，使得在药品生产企业中，缺乏长期稳定的合作伙伴关系，以至于供应商和零售商之间的协同合作也同样松散，不能产生有效的信息流和物流供应链来满足客户（患者）的需求。

因此，紧贴市场需求，开展供应链管理理论和管理方法的研究，对于当前中国医药行业的发展具有重要的现实意义。

2.2　价值链理论

价值链内涵的界定经历了一段由企业内部→企业外部→企业网络合作的价值创造过程。迈克尔·波特（1985）在《竞争优势》一书中首次提出了"价值链"的概念，他认为价值创造仅仅限于企业内部。Nomann 和 Ramirez（2014）则提出必须将"价值链"的内涵扩展到随市场环境不断变化，应该涉及与相关企业的合作创造价值增值的过程。同时应该关注成功的企业战略一定会注重价值创造系统：企业绝对不是一个独立的个体，应该与不同的经济体进行协作，并创造企业联盟的价值增值。直到 Guiliti（2014）和 Huemer（2015）提出：从企业内部到企业间所组成的合作网络共同创造了所谓的"价值链"。随着大数据、物联网和人工智能技术的应用，企业个体已经无法形成孤岛，而是一定会处于其业务相关的上下游企业或者相关行业的社会网络中，并认为企业间可通过供应链网络获得价值增值。

Ketchen 和 Hult（2017）、Kahkonen（2012）、孟庆春和李慧慧（2015）和 Lacoste（2016）均将视角放在供应链主体构成上，首先肯定了最终用户在价值创造过程中的中心地位，既是生产者也是消费者，扮演了重要角色。认为供应链主体中应该包含生产者、供应商、批发零售商和最终用户。他们可以通过合作、实施企业间战略管理方式进行价值创造，供应链价值应该能反映供应链上全部主体的剩余利益。

供应链中主体的最终网络位置和核心竞争力应由其规模决定。随着大数据、物联网和人工智能技术发展及以顾客为中心的时代来临，企业必须转变以前以产品为中心的销售模式，关注以顾客需求驱动的企业价值共创，最终用户是价值消耗者也是价值创造者。价值创造的主体应该由产品转为顾客，供应链网络中的所有企业都应该适应这一市场环境的变化，将有助于提高整个供应链速度、降低成本以及价值增值。可以看到，将顾客与供应链中的所有企业创造的价值综合评价才是供应链价值增值的内涵，而不能仅仅考虑单个企业所创造价值。

Porter（1985）、Tony Groundy（2010）、邓小军（2011）、Cecconi 和 Shank

等（2015）学者分别从内、外部对价值链范围研究进行深入研究。Porter 通过分析企业内部的价值链，认为企业的价值活动应该分为核心生产和辅助生产活动两种，其中核心生产活动由进货、生产、销售和售后服务等活动内容组成。而辅助生产活动则由计划、研发、财务和人力资源等活动构成，并认为价值链是一个由企业的这两类活动组成的动态价值增值行为。他还认为，不同的企业因为在核心生产与辅助生产环节中的任何一项活动价值创造的能力不一样，因此，可以将具有较强价值创造能力的活动环节定义为某一个企业自身内部价值链的"战略环节"，这也是决定企业核心竞争力的关键环节，同时也决定了企业在做出战略决策的时候必须考虑这一环节并与最终决策相匹配。Tony Groundy 和邓小军研究了财务战略与价值链的关系问题。他们的关注点在于企业必须衡量自己在供应链网络系统中的最佳位置，做出合理战略决定，才能实现价值增值。同时，他们也运用生命周期理论对企业衡量供应链网络系统的最佳位置的战略决策进行了研究，认为周期对于战略决策有着重要的影响，战略决策通常需要依据周期的不同来进行制定和确认。例如，在构建期这个周期，企业选择集中财务战略是比较正确的决策。随后，Cecconi 和 Shank、Hines 等（2015）把对价值链的研究范围从企业内部延伸到外部。第一种观点认为企业价值链应该从购买原材料延伸到顾客购买的全部过程。这个观点将价值链定义为物流价值线集成，强调应该关注顾客需求对产品驱动在供应链价值增值中的重要作用，认为产品并不是处于供应链的中心地位。第二种观点将企业自身价值链与相关企业价值链进行外部延伸，设想供应链上下游与企业相关行业中，以核心企业为中心的与其他相关企业竞争联盟的外部价值链。孙丽华和倪庆东（2016）提出，企业内部价值链和外部价值链的重要性是相同的，企业一般通过动态审视自身在价值链中的相对位置，并由此实施相关的价值链战略和决策。各项决策不仅需要与企业自身的运营战略的各环节互相联系，还要进行动态协调，开展相关的协同价值联系活动。而随着大数据、物联网及人工智能技术的发展，经济泛化价值链的空间范围也将进一步扩展。由 Bair 和 Gereffi（2000）第一次提出的全球价值链的概念，进一步扩展了价值链的边界，提出了在全球范围的企业网络中构建布局的战略和方法。全球价值链认为，在当前世界大经济（全球化）环境下，企业的生产各环节已经无明显国界区别，在理论的层面上对跨国企业的生产活动进行了定义。

从价值链理论形成的背景来看，是企业从以产品为中心的生产活动转换成以顾客为中心的价值链活动。该理论指出，价值链活动在信息时代要注重企业和合作伙伴之间的信息交换和共享，而不应该只局限于相关的物质生产活动。

Sulzer 和 Rayport 等（2003）还提出了虚拟价值链的新观念。区别于传统价值链是由实际物质活动构成的链状关系，虚拟价值链是基于信息共享的网络活动，通过信息获取、加工、有条件的合成并组织以及分享来实现物质活动的价值创造。斯莱沃斯基等（2003）以及王化成和佟岩（2006）在此基础上，首次提出价值网的概念：由于以顾客为中心的需求驱动、互联网+市场发展，价值链逐渐发展成为价值网。对价值网也必须加强资金管理。价值网的网络空间系统是以物质流、信息流、现金流多向流动为重要特征的，并以顾客需求和核心企业为中心构成的多向网状结构。

2.3 利益相关者理论

对医药供应链上的利益相关者进行界定是研究开展的首要工作，这将有利于帮助后续研究开展利益相关者分析，以及帮助该理论对医药供应链进行创新研究。从国内外研究来看，到目前为止，国内外对利益相关者的定义还不统一。在早期的利益相关者理论中，Freeman 首次提出利益相关者管理理论，主要是指企业管理者为平衡与其结成同盟竞争的网络系统的各利益相关者的利益而进行的管理活动。与传统企业管理理论相比，该理论提出，企业的发展与行业相关企业、供应链上下游企业的发展密不可分，企业不应该只顾眼前利益去牺牲联盟企业的利益。只有在利益相关者的整体都得到提高的同时，企业利益的获得才具有可持续性。这些利益相关者包括企业内部利益相关者，主要指企业生产活动环节中涉及的合作者，如供应商、生产商、销售商和消费者。企业外部利益相关者包括政府部门、第三方平台甚至包括自然环境等对象，它们都直接或间接影响着活动主体。这些利益相关者时刻影响着企业的生存和发展。它们不仅能帮助承担企业的经营风险，还能影响企业各个生产环节。从这个意义上说，企业与利益相关者之间是管理专业化的战略合作安排。

随着价值链理论的提出和发展，很多学者肯定了最终用户在价值创造过程中的中心地位，认为最终用户既是生产者也是消费者，扮演了重要角色，认为供应链主体中应包括生产者、供应商、批发零售商和最终用户，它们可以通过合作、实施企业间战略管理方式进行价值创造，供应链价值应该能反映供应链上全部主体的剩余利益。

随着大数据、物联网和人工智能技术的发展及以顾客为中心时代的来临，企业必须转变以前以产品为中心的销售模式，转而关注以顾客需求驱动的企业价值共创，最终用户是价值消耗者也是价值创造者。价值创造的主体应该由产品转为顾客。此外，政府介入、准公共品性质的产品对医药企业的影响日益增加，形成了多元化治理格局，在这种环境下，更加需要关注利益相关者利益。

本书整合了价值链管理理论、供应链管理理论和相关利益者管理理论等相关理论作为依据，并将医药产品制造商、批发与零售商、医疗机构和最终用户（患者）作为内部利益相关者，将政府和社会等利益相关者作为外部利益相关者进行分析。

对于医药供应链而言，利益相关者是医药产品从供应商到终端消费者的流动载体，其主要节点包括研发机构、原材料供应商、生产企业、医疗服务、零售商和终端消费者。医药供应链通过对信息流、物流、资金流的控制，从药品研发开始，制造中间产品和最终产品，最后通过分销网络到达消费者手中。一种功能性的网络链接结构，将供应商、制造商、分销商、零售商和最终用户链接到一个单一的实体中。药品是一种特殊商品。药品内部供应链的利益相关者包括药品生产企业、批发分销企业、单一或连锁零售企业、医疗机构等。需要注意的是，医药原料的生产和批发，以及原料在供应链中的加工、包装和运输，对于是否符合国家标准，给相关企业带来利益也起着至关重要的作用。企业也是一个很重要的环节。所以医药供应链不仅是一条物流链、信息链、资金链，更是一条连接供应商和患者的价值链。确定利益相关者后，需要进一步分析医药供应链中的利益相关者，以确定利益相关者管理的优先级和重点。根据利益相关者理论，关键项目利益相关者是对供应链运作的成功具有既得利益并影响成功产出的一个利益团体。

2.4 协同创新理论

随着医药供应链管理理念的不断延伸和变革，医药企业形成的增值链需求逐渐加速，协同创新的重要作用日益显现，是实现医药企业协同发展的重要途径和核心动力。构建创新医药供应链体系也是关键工作。本节主要从医药供应链的概念、机制、影响因素和绩效研究四个方面对医药供应链进行综述，总结了医药供应链管理的现有成效和研究成果。

2.4.1 协同创新的概念

协同理论产生于人类研究激光的过程中，科学家们发现由大量子系统构成了一般系统，各子系统之间产生了相干或者协同效应，从而形成一定的自组织结构和特定功能。各子系统之间存在非线性的相互影响，并导致整个系统也发生相应的变化，并在宏观层面上呈现出有序状态。在远离平衡态的条件下，协同论研究在开放系统与外界物质或者能量交换的过程中，如何利用内部协同功能产生功能、空间以及时间等方面的有序结构。随着协同论的不断发展，控制系统论和信息论等成果不断进步和发展，形成了比较完善的理论，主要由协同效应和自组织原理构成。该理论不仅可以研究自然现象，也可以被广泛应用于社会学以及经济学等多个领域。

运用这一理论分析医药供应链时，可以看出供应链价值增值有着强烈的协同特征。协同是通过子系统之间非线性作用达成整体的系统目标，并且具有不断发展的良好趋势。子系统的任何运行状态都将对系统最终成效产生直接影响。当外界环境和资源处于一定状态时，各项子系统之间也会发生关系，究竟是竞争还是协同，只能从全局考虑，促使宏观与微观层面得到有效结合。

熊彼特在《经济发展理论》（*Theory of Economic Development*）中写道："创新就是在生产体系中引进生产条件和生产要素的新组合，其实质就是建立一种新的供应函数，从而获取潜在的生产利润。"在熊彼特开创创新理论之后，国内外许多学者对创新这个话题进行了进一步的深入挖掘，产生了协同创新的概念。在研究企业策略的过程中，安索夫提出协同是指在企业资源共享的基础上实现企业之间共生共长的一种关系。协同创新理论认为，子系统的协同创新可以获得整体系统目标的实现，如提高效率、优化资源。然而，协同创新理论更多关注的是协同创新的要素，强调系统之间的垂直或水平模式的相互作用。梅特卡夫认为协同创新体系就是将子系统集成一个系统，以融入新技术来实现子系统的非线性协同作用，实现系统的一系列共同的社会和经济目标。埃茨科威兹提出了著名的"三重螺旋"理论，为协同创新研究提供了新的思路和研究范式。

目前，学者们对于供应链的协同创新概念界定有了一定的成果。许庆瑞、胡恩华、刘洪、陈劲和阳银娟等都认为协同创新的实质就是要素相互作用形成的协同创新行为。胡恩华、刘洪还探讨了环境因素对企业协同创新的影响，通过从外部环境的角度进行剖析，收集和分析了集群外环境对产业集聚企业的影响，得出了协同创新就是集群创新企业与群外环境之间既相互竞争、制约，又相互协同、受益的结论。陈劲和阳银娟分析了协同创新的过程因素对企业协同创新的影响，认为协同创新是价值增值的核心。

范群林、艾晓玉、尹继东和宋伟等学者侧重从社会网络角度出发，研究协同创新对整体系统目标实现的影响。他们认为信任因素在社会网络中是为完成共同目标而协同创新的重要因素。同时，他们认为协同创新是社会网络相关机构多阶段、多层次的协调驱动的复杂适应性系统。界定协同创新的本质就是为实现整体系统创新资源，各子系统必须形成非线性的协同作用，即风险共担、利益分享机制。

综上所述，学界对协同创新的概念和内涵已经有了一定的研究，对协同创新的基本概念界定从初期企业为了自身的短期利益而进行的合作到目前从网络巨系统的角度进行定义，即追求子系统与整体系统共同的长远利益。

2.4.2　协同机制研究

在由众多子系统构成的复杂系统中，各要素间产生内在规定的、因素之间的耦合运行方式就是协同创新机制，它有自己的一套运行机制和程序总和，能促使系统整体良性循环。在经济学领域中，对于协同机制方面的划分，学者们给出了不同的观点。

2.4.2.1　基于不同主体视角的协同创新机制研究

对经济利润的攫取和利益最大化，也就是由众多子系统构成复杂系统目标最优化。解学梅、徐茂元、方良秀从企业内环境和外环境两方面进行分析研究。从内环境来看，协同创新机制是能够确保企业持续快速增长的内在需求，是促使技术创新、管理协同的关键因素，认为企业要实现成本和风险最小化，必须引入协同创新机制即激励和约束机制。从外环境来看，协同也有利于整个系统为达到同一目标而更易于获取外部资源。刘磊、孙雁飞、朱金龙指出，构成和保障企业协同创新的关键是动力、利益、知识管理的协同。

通常，市场竞争和政府规制是弥补市场失灵的两大强有力举措。吴洁、李恩极、李群等学者通过构建演化博弈模型，从成本、利益、惩罚几方面分析它们对协同创新的作用，通过改变支付矩阵的初始赋值，对企业进行供应链及行业间的协同衡量，给出了政府从政策上提供政策层面的支持促进企业协同；运用合作博弈模型，认为通过政府引导，企业有形成产学研一体化发展的趋势；周开国、卢允之、杨海生则通过基准模型测算了建立服务兼容体系的必要性，认为它是推动产业结构升级的必要手段；白俊红、卞元超对政府规制的作用进行测算，测量其对协同创新的支持力度，指出政府的支持对协同创新具有显著的促进作用。

2.4.2.2　不同理论视角的研究

从理论角度看，文献、徐梦丹、胡昌亭、李玲、王进富等学者分别从"三重螺旋"理论支点、博弈论、TIM 理论和知识管理理论的角度出发，认为协同创新是为了实现子系统各自非线性协同的资源共享、信息共享。同时从渠道、驱动力及管理协同相融合角度提出形成新的协同创新机制的三个因素。

2.4.3　协同创新绩效

协同创新绩效是指在既定的内外部环境下，研究区域内部各主体投入和产出，以及不同区域间协同创新对促进区域均衡发展的影响。

2.4.3.1　绩效评价体系

以系统论为核心，以技术因素、管理创新因素等为投入要素进行研究，Stackelberg 等提出将合作关系、信息共享等纳入指标评价体系，构建协同创新绩效评价模型。常路等学者提出要构建以社会网络、政府合作、组织联盟为主的绩效评价体系。

2.4.3.2　绩效协同效果

解学梅、刘丝雨研究了企业网络化战略联盟、协同要素与企业的创新绩效的关系。李鹏、李美娟、陈维花则认为 R&D 投入对整体系统的目标实现有着积极促进作用。在网络视角下，张志华等学者认为协同创新网络对企业的创新绩效有显著影响。

从目前创新绩效评价的研究成果来看，大多数研究者已经建立了基于网络理论或复杂系统理论的评价模型，或者基于复杂系统理论的评价模型，这是因为协同创新的绩效是可以衡量的。

随着医药价值链概念的引入，协同创新成为医药供应链价值增值的重要驱动因素，成为实现医药企业协同发展的重要途径和核心动力，也是建设创新型医药供应链体系的关键性工作。本节从协同创新的概念、机制、影响因素及绩效研究四个方面对医药供应链进行梳理与评述，并对现有的研究成果中存在的问题进行总结。

2.5 博弈论及其应用

1944年出版的《博弈论与经济行为》一书由美国科学家冯·诺依曼和经济学家摩根斯特恩合作完成，该书的出版标志着系统博弈论的初步形成，也即"游戏论"或"对策论"。随着"囚徒困境"（prisoners' dislemma）模型和"纳什均衡"概念及"均衡存在定理"的提出，学者们分析和揭示了博弈论在经济领域的科学运用。随着国内外学者对博弈论的研究进一步引向深入，现在已形成了比较科学完善的系统理论体系，而且被广泛应用于企业生产、经营管理、目标决策和计算机科学等领域。

2.5.1 博弈论

博弈论从当前许多博弈要素如博弈主体、博弈规则、博弈均衡之间的关系入手，根据相关的信息，博弈主体采取不同的行动，"博弈规则"是博弈主体采取的行动策略及其对应的结果。博弈分析的主要目的是寻找博弈均衡，博弈主体、博弈规则和博弈均衡组成一个完整的博弈问题。一般来说，博弈主体就是博弈行为中的局中人，是进行博弈的决策主体。参与人是自然人或者组织团体，如企业、国家等。博弈主体与参与人必须选择一个行动策略和一个偏好函数，而不做决策的被动主体属于环境因素。所谓的博弈行为，就是博弈主体和参与人通过选择行动、策略来达到自己的支付或效应水平的最大化。虚拟的参与人是自然因素，它在博弈论中是外生的随机变量，属于概率分布的一种机制，包含策略主体与所有参与人之间的所有行动的知识集合的信息集，可以在既定的情况下，为决策主体与参与人的行动规则形成了某种策略，它规定决策主体与参与人该在何时采取何种决策。博弈的行为和相机行为具有异曲同工之妙，它通过信息反应，揭示主体之间及主体与其他参与人之间的行动该做出如何反应和选择什么样的决策。

不同的行动策略会产生不同的支付结果。而支付函数这个概念表示的是在既定的博弈行为中，博弈主体所能获取的收益。这个收益是博弈主体与参与人在对博弈行为做决策选择时寄予的一个总体期望。

2.5.2 演化博弈的分析框架

供应链管理的实质就是合作。但是传统管理手段虽然可以提供比较优化的方案来使局部成本变小，但无法较好地处理企业供应链中的复杂关系，尤其是对于控制整体运作的综合成本的能力还是偏弱。本书构建医药供应链的主体"医药制药商—批发商—零售商"的演化博弈模型，并对影响供应链的复杂关系的因素进行了深入分析，模拟了医药供应链网络系统协同竞争演化过程，理论推导出政府主导策略和市场主导策略下医药制药企业响应其他批发商、零售商的演化稳定策略。研究表明，当实施"两票制"改革时，医药供应链网络系统会形成一个完全的特权组织。这是大型研产销一体化企业集团的内在形成机制。

2.6 本章小结

本章首先对医药供应链管理所涉及的相关理论进行了梳理，介绍如何运用这些理论来分析医药供应链。这些理论包括委托代理理论、利益相关者理论、信息不对称理论、协同创新和博弈理论，为后续的研究分析打下理论基础。

同时，本书主要从医药行业的产品特性、行业主体特性、自身运行特性三个方面分析了医药供应链的特殊性，对医药供应链管理的概念重新进行了界定，为后续医药供应链平台系统分析与设计的展开奠定理论基础。

3 医药供应链利益相关者分析

随着医疗服务智能化的发展，医疗服务体系中越来越多的医药企业都期望获取患者就诊和用药数据，以进一步扩展患者服务体系，为患者提供更加精准和个性化的医疗服务。制药企业、医药分销商、医药零售商等企业，都迫切需要获得患者用药反馈数据，以便更有针对性地生产相关医药产品。

利益相关者理论关注的是组织行为过程中受到影响的所有个体，并尽量满足所有个体的利益和需求。将利益相关者理论应用于医药供应链的分析评估，为创新医药供应链模式打开了一个新的视角。当前我国的医药供应链有延伸至患者服务的发展趋势，因此有必要对医药供应链中相关利益群体进行详尽的分析。通过利益相关者分析，一是能够对医药供应链上的利益相关者权益进行再评估，找出影响医药供应链利益的关键问题；二是能充分挖掘利益相关者需求，找到现有政策中存在的问题。

3.1 对利益相关者的界定

医药供应链的利益相关者是指在政策激励下，为医药供应链投入一定人力、物力、财力并承担一定风险的主体。医药供应链主要包括三个重要参与方：医药供应商、医疗机构、终端用户（患者）。医药供应链也包括了医药供应商购买药品原材料、医疗机构和医药生产商采购相关设备、医药生产商通过批发或零售方式给终端用户（患者）提供合适的药品、患者到医院就诊、医生为患者诊断病情等众多组织行为环节。本研究确定的利益相关者中，涉及三个重要参与方组织行为环节的为医药供应链的内部利益相关者，而涉及对医药供应链提供政策、金融、物流等服务的为其外部利益相关者。

3.1.1 医药供应链的内部利益相关者

周志鹏的《关于医药供应链利益相关者分析》一文对医药供应链的内部利益相关者进行了比较全面精确的分析。本研究在该论文的基础上，通过实地调研、数据分析、整理和再综合，将医药供应链的内部利益相关者主要分为以下几种类别：

3.1.1.1 生产企业

药品生产企业的生产技术和管理技术对于药品的质量至关重要，起着决定性的作用。医药生产企业按照国家的药品生产标准，通过组合原材料、生产设备和相关的生产计划，进行药品的批量化生产，并建立起标签、说明书、标识等可追溯的药品安全体系，实现药品的电子监管，以便当药品质量出现问题时，能够从药品的源头追查到消费者，及时收回问题药品，保证消费者用药安全。

3.1.1.2 原材料供应商

药品的源头是原材料。原材料生产是药品生产和制药之前的生产程序。原材料供应商从生产者那里获取原料和辅料，提供给制药商进行药品研发和生产。例如在中药制剂的生产中，中药材的药用价值和效果受到药材品质很大的影响，每个地区的药材品质都不同，原材料供应商需要通过专业辨别，选取适合制药企业所需的药材，以保证药品的生产质量和药效。

3.1.1.3 设备供应商

在医药供应链中，不同的设备供应商向医疗机构提供检测设备、向制药企业提供生产设备。它们应该按照合同要求向设备使用者提供生产设备和定期维护设备。并且在企业研发和生产新药过程中需要更多、更先进的高科技的设备时，设备供应商要不断地研发更新换代生产设备，才能满足制药企业生产新药品的要求。

3.1.1.4 批发企业

生产企业的下游市场是批发企业，它们在整个供应链中的主要功能是药品的供应、分销、调配以及药品的运输、库存和信息服务。批发企业从上游的制药企业取得药品，然后通过中间商和物流手段分散到市场中需要的地方，及时满足消费终端市场的需求。在销售渠道上，批发企业为了提升药品的销量，通常会采取不同的销售策略，例如投放广告、优惠促销等。同时因为这些销售手段付出了成本，便会提高药品的售价，因而广告所产生费用通常由批发企业与医药生产企业共同协商分比例承担。

3.1.1.5　医院

医院是处于上游医药批发企业和下游终端顾客患者之间的重要药品消费场所。医院在整个医药供应链中的主要功能是：

（1）满足终端用户（患者）的需求，并将终端用户（患者）的需求信息即时反馈给上游医药供应商；

（2）准确诊断终端用户（患者）病情，定制药品，有效治疗，确保消费者享受安全有效的药品消费，实现药品价值。

因此，医院是中国药品最主要的流通渠道和交易场所，是药品流通与交换过程中一个最主要的节点经营主体。在患者选择和使用药品方面，医院几乎是全权代表了患者的角色，患者买的大部分药品都是在医生的指导下买的。

3.1.1.6　零售企业

药品零售企业是药品服务系统中的重要商业实体，一般包括连锁药店、独立药店、超市，是药品进入销售渠道中，直接面向患者的主要渠道。药品零售企业在供应链中的主要作用与医院药房相似，都是在销售药品，其不同之处在于药品零售企业主要向患者提供非处方药品和服务，而医院药房主要提供处方药。当前，在国家推行新医改的背景下，终端用户（患者）被容许携带医生开具的处方到终端零售药店购买药品。这也促使零售药店为了提升药品销售量，会直接聘请持牌药剂师、医生定期坐店，指导患者购买一些常用的处方药。

3.1.1.7　患者

患者是医药供应链的终点，是医药供应链的终端消费者、顾客。医药供应链中企业的市场份额和销售绩效是药品企业经济效益的主要来源。医生对患者的用药能起到绝对的影响作用。在中国的医疗体制下，患者必须在医生的指导下购买药品，凭借医生开具的处方才能购买到处方药。因为医生具有对处方药的专业知识和经验，医生也会对开具的处方药负担相应的责任。这必将直接影响终端用户（患者）对药物的选择，医生也就是患者的实际代理人，是药物的间接消费者。随着患者卫生保健水平的逐步提高和维权意识的增强，对药品的质量和疗效提出了更高的要求。而一般对于非处方药，药品口碑是影响药品购买的主要因素，患者有权依据自己的偏好购买相应的药品。

3.1.1.8　医生

医生为患者提供就诊服务，凭借专业知识开具处方，是药品的间接消费者。在新的医改政策下，需要打破"以药养医"的陋习，这需要医生在就诊过程中，不仅要充分考虑患者的治疗需求，还要尽量减少患者不必要的药品支出。例如，随着医学技术的发展和人们对医疗认知水平的提高，现在医生对患者的治疗尽量减少使用抗生素和输液的频率，并尽量用口服药物替代。此外，随着新药不断被研发和投入生产，医生需要不断学习和更新药品知识，与药品研发者、生产商、代理商进行学术交流，为患者寻找价格合理的药品。

3.1.1.9　医药代表

医药代表对接药品科研专家、生产企业的技术人员和医疗机构的医务人员。他们到医院向医务人员推荐自己企业的药品，其实也是在进行药品的交流活动。医药代表也必须具备强有力的专业知识和药品销售能力，他们既要考虑将自己企业的医药产品推荐给医院，被医生（患者）接受，又要让医药零售企业接受自己的药品，同时在进驻药品零售企业时，有必要对零售人员进行药品基础知识的岗前培训。

3.1.2　医药供应链的外部利益相关者

医药供应链的外部利益相关者有以下几类：

3.1.2.1　政府机构

政府在医药供应链中具有重要的影响作用，为了保证药品的质量和可获得性，政府需要对医药进行严格的规制和管理。中国药品监督管理工作的主管部门的国家食品药品监督管理总局（China Food and Drug Administration，CFDA），主要承担着对医药供应链的全方位监管。从新药注册，到审核新药的药物化学、毒理学、临床药理、临床疗效及安全性，再到决定是否批准此药，确保生产企业的药品生产符合《药品生产质量管理规范（Good Manufacturing Practices，GMP）》，保障药品生产过程及销售过程的质量和安全符合 GSP（Good Supply Practice，药品经营质量管理规范）标准。

3.1.2.2　行业协会

介于商品生产者与经营者之间的行业协会是联系政府和医药企业的桥梁与纽带，一般为生产者和经营者提供咨询、沟通、监督、协调等的帮助。行业协会一是能通过建立相应的行业规范、宣传国家医药行业的法律法规、行业政策及行业诚信体系等多种方式规范企业的经营活动。二是对相关政策和立法提出建议。行业协会还能作为"沟通者"代表医药行业的各种类型企业向相关部门反映企业诉求，通过报告等形式向政府表达有关企业、行业的愿望和要求。三是为医药企业提供管理和技术信息支持。行业协会又是医药企业"信息支持"的角色，通过开展技术咨询、技术培训、技术转让等多种形式的技术服务，为医药企业提供管理和技术信息支持，医药企业通过参加协会活动，获取相应的资源和信息，及时调整企业的战略定位，促进企业技术进步。

3.1.2.3 金融机构

只要医药企业是盈利的企业，银行金融机构不愁"坐吃利息差"的问题，而且银行金融机构是医药供应链上利益的密切相关者，为了对医药供应链进行大力扶持、促进医药供应链的发展，越来越多的银行金融机构开展了针对医药供应链的金融业务。与其他商品相比，药品是具有明显特殊性的商品，因此，银行等金融机构在提供金融服务时，不仅可以实现资金流、物流和信息流"三流"高效融合，还因为医药具有保护生命的特殊属性，支持医药机构是对国家有利的、符合商业伦理道德的重要措施。

3.1.2.4 保险机构

保险机构是医药供应链的另一个重要利益关系者，是医疗保险资金的控制者。保险机构是指在医疗保险活动过程中具体承担医疗保险费用筹措、管理、支付等医疗保险业务的机构和组织。国家和保险机构制定药品目录，遴选基本药物，规定支付和赔偿许可药品的种类。在医药供应链中，一旦医药生产企业具备一些药品的生产条件，就要和其他医药生产企业竞争药品的生产权。保险机构负责在医药供应链中的资金筹措和支付。因此，保险机构的经营状况好坏和管理水平的高低直接关系到医药供应链的资金乃至整个系统的安全。另外，保险机构的医疗保险，除了规定医疗机构的医药品结算政策、价格管理外，还规定了服务能力、协调能力、营业时间、药剂师工作单位等社会医疗保险药店的业务规范。

3.1.2.5 第三方物流服务商

以社会服务为指导的医药第三方物流服务商是医药供应链所需仓库保管基准。随着医药供应链的快速发展，药品需求大幅增加，药品储存和运输标准日益严格，大型医药企业、批发和零售企业在药品仓储和运输上的成本越来越高。医药物流的社会化分工必然产生医药第三方物流商，其出现可以大大减少药品企业的仓储和运输费用，通过采用现代物流管理手段，向医药企业提供符合要求的药品的验收、保存、养护、配送管理服务。因此，第三方物流服务商为了提高对委托药品生产企业、批发企业、使用部门的服务水平，必须不断提高自身的管理水平，努力适应现代医药供应链管理的要求。

3.1.2.6 医药行业 ERP 等系统企业

医药行业 ERP 系统是医药供应链的又一个重要的外部利益相关者。在传统的医药企业运作模式中，医药商品从采购、收货、验收、发货、复核、储运、财务等都是通过办公软件实现的。随着信息技术的发展，数字化智能化的企业普及，国内的许多药品企业构建了数字信息系统，实现了现代化智能软件办公，其中以 ERP 系统最为典型。ERP 系统是比较成熟的智能管理系统，将药品采购信息输入系统后，系统详细记录和保存药品入库验收的时间，可以在药品需要养护或者达到近效期的关键时间点，给予提示和预警；当医药合作企业的资质证书、委托书即将到期时，ERP 系统也能给出正确的预警。在连锁药店运行中，ERP 系统几乎涵盖了医药企业运营中的方方面面。采用 ERP 系统，既可以帮助收银，支持支付宝、微信进行付款，又可能实时查看库存、销售情况，极大地方便了药品的调拨，降低了医药企业人员的工作量。另外，医药行业的 ERP 系统还具有另一个重要功能，就是实现企业的自我监督。ERP 系统能够规范医药企业的运营行为，使其做到符合法律法规以及公司制度的要求，保障合理合法性，有效地杜绝了不符合规章的行为，为药品的质量保证提供了强有力的后盾。

3.2 医药供应链核心企业分析

3.2.1 医药供应链核心企业竞争优势

波特（1980）认为"产品竞争优势的获得取决于成本领先和差异化两大因素"。医药供应链中企业合作剩余部分来源于合作产品的品质创新和成本控制所创造的价值。为了提高医药供应链中不同参与者的合作剩余，形成核心竞争力，有必要提高医药供应链中不同参与者的合作剩余，就必须通过更有效的药品质量创新和成本控制，建立更完善的制造商与零售商分工合作体系，增加销售量，获得市场份额，从而获得更大的销售利润和合作剩余。通过竞争优势理论和消费者反馈，我们发现供应链模式合作剩余的影响因素主要有如下几个：

（1）药品质量。药品具有质量严格性、使用专属性、高度敏感时效性等特性，是一种特殊商品，有自己特定的使用对象和主治功能。改进药品生产技术（方法），通过医药生产商的生产技术创新、与零售商的合作创新等途径来提高药品质量及其市场价值。

（2）生产成本与质量安全监管成本。生产成本与质量安全成本是相互影响的，药品质量提高，必然会使药品的生产成本随之提高，然后影响其市场价值。另外，国家食品药品监督管理总局对药品生产企业、药品零售企业的监管，以及 GSP 对药品的质量检查等，同样会增加药品的人力、物力成本，使医药供应链模式中不同行为主体之间的合作剩余相应地受到影响。

（3）物流成本及储存成本。药品的储存有比较严格的特殊要求，如温度、湿度、保鲜和冷链性能等，严格要求的同时也会增加药品在运输及仓库存储方面的成本。医药供应链企业的合作剩余分配模式是指医药供应链中各合作企业之间因合作产生的价值增值，按照一定的理论、原则建立起相应的分配模型。供应链价值增值是依靠合作企业整体获得最佳的经济收益。供应链价值增值其实就是合作价值增值模式，合作价值增值能否得到公平有效的分配决定着供应链模式的优劣。供应链价值增值分配机制分为主体、原则、模式和实施过程几个方面。

3.2.2 医药供应链中企业合作剩余分配的主体

在医药供应链中，零售企业是重要的主体，为了保持稳定的销售渠道，制药企业必须与零售商建立稳定的合作关系，以保证药品市场价值的实现。零售企业为了加强与制药企业的联盟与合作，要对合作博弈和非合作博弈中的决策方式、营销和定价策略进行权衡，从而促使企业可以创造更多的合作价值增值来促成合作。药品零售企业直接面向市场消费者，其规模、经营、市场占有率和顾客忠诚度直接影响着药品零售连锁药店的销售量和销售范围。

在医药供应链中，制药企业是生产者。依据中国医药行业相关规定，制药企业是不能在不同地方分设仓库或者直接零售的，必须通过批发商或者药店进行药品销售。在现实市场中，医院和药房通常被称为零售商，但由于医院的特殊性，所以只选择药房作为零售商。药店需要考虑这些药物的来源、价格、市场销售量以及产量。

在医药供应链中，在追求整体合作盈余最大化的同时，供应链中的合作成员还必须考虑使每个公司获得的合作盈余最大化。任何一方的不信任和违约都会导致合作价值增值的"最小化"继而导致合作失败。因此，在供应链合作管理中，如何合理、有效、公平、公正地向供应链合作企业分配合作剩余是关键。非合作博弈意味着合作成员之间没有合作意愿，从经济学上来说，它们对"最大限度地追求自身利益"的追求超出了合作意愿。合作博弈主要是指供应链的利益相关者结合各自的资源、资金、技术等条件进行合作的意愿，希望通过合作来创造比自己单打独斗更多的利益，目的是解决合作剩余收益分配问题，从而实现双赢。因此，在供应链的合作过程中，我们一般通过对医药供应链合作做出合作博弈与非合作博弈分析，从中选择最优决策，能实现整体决策、整体利润的最大化与个体企业的最优化。合作各方期望通过合作博弈创造合作关系，在达到自身目的的同时，实现供应链整体的合作目标，并使之保持稳定长久的合作关系。医药生产企业和医药批发企业各自在博弈中进行学习，并理性地选择符合自己利益的策略，最终进化到一种稳定的状态。

3.2.3　利益相关者制度安排满意度框架

在医药供应链网络中，如果利益相关者能实现供应链整体合作目标，构架稳定长久的协同创新关系，各利益相关者就能感知对比获得的服务保障、技术支持等相关利益的实际值与目标值。利益相关者在制度安排过程中，并非一味寻求利益最大化，更多的时候还会寻找满意度最高的预期结果。政策激励的过程，如果能够让每一个利益相关者的需求与目标都得以实现，那么他将很满意整个供应链网络协同，从而积极地参与到医药供应链网络体系中来，这将有助于供应链网络的协调发展。同时，良好的制度安排将进一步协调各主体之间的利益关系，必然促进供应链价值增值。利益相关者制度安排满意度框架如图3.1所示。

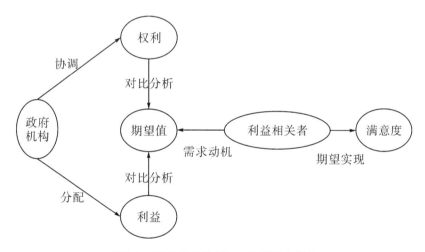

图3.1　利益相关者制度安排满意度框架

3.3 本章小结

本章以"医药+医疗"业务场景为切入点,梳理出了医患、原材料供应商、生产商、医药分销商、医药零售商(供应方)、"医药+医疗"运营平台、第三方支付、其他平台等利益相关者的情况,对该供应链节点的核心企业从价值链增值角度进行分析,指出其总体特征,并指出医药生产企业与医药批发企业合作的稳定性对构建高效的医药供应链有着十分重要的作用,为后续"医药+医疗"供应链协同创新的路径及其影响因素分析奠定基础。

4 "医药+医疗"供应链协同创新模式设计

由于医药供应链有着参与主体多元、受政策影响大、医药产品运作过程复杂的特点，在新冠肺炎疫情影响下，世界医药行业的发展格局将有巨大变化，我国医药供应链需要统筹各参与主体实现"医药+医疗"的协同创新，为我国医药行业的发展带来新的契机。现代供应链的创新不仅可以从企业内部的商业模式、流程、管理、技术、产品和服务等方面展开，还可以拓展到产业集群中，在专业分工的基础上进行各种资源的有效融合，并通过协同管理与协同合作，共同实现供应链运营管理的同步化、交互化，实现协同价值的再创造。同时，利用现代供应链创新在产业供应链中整体的智能化、生态化、服务化及可视化，并通过定义价值、承诺价值和实现价值完成创新，最终实现集成要素的创新管理，特别强调供应链的全要素创新和要素集合创新。本章主要从供应链协同创新的视角探讨了医药供应链的协同创新，提出了基本的创新要素与路径，并构建了"医药+医疗"供应链平台部署和实现方式。

4.1 现代供应链创新路径

在互联网与大数据技术的支持下，现代供应链成了更多企业选择的生产组织模式，并且成了经济提质增效的主要动能。传统供应链旨在提高企业效率和效益，即"在生产及流通过程中，为了将产品或服务交付给最终用户，由上游与下游企业共同建立的网链状组织"，也就是说在传统供应链中，主要以企业的效率和效益分析为主，重视企业间的管理与合作，从而形成链条式的合作关系。

4.1.1　现代供应链的内涵和创新要素

不同于传统供应链，现代供应链从内涵到流程到创新要素各方面都发生了变化。在现代供应链的内涵上，依托于互联网和大数据形成的产业集群，分析单位由企业间的合作变化为产业生态间的协同与合作，使得现代供应链在结构、流程、要素等方面都有了变化，这种变化使供应链从单纯的"链"式合作，发展到纵向、横向、斜向的多样式合作。例如，在纵向上的不同环节的垂直合作，在横向上的同一环节之间的水平合作，在斜向上的跨区域和跨行业的斜向合作等。纵向、横向、斜向上的各条合作链形成了现代供应链的网状结构。在现代供应链的流程方面，不仅依托于互联网技术，现代供应链的发展还依赖于更专业的分工与合作，因而其流程也呈现出更多维、复杂的交织现象。通过跨界融合，把现代供应链上的各参与者自身所具备的各种核心技术、知识等资源进行整合，推动产品设计、采购、生产、销售和交付，推动供应链全过程高效运营，从而带来整个供应链在计划、决策、运营流程的各个环节的同步化以及在供应链中的各个参与主体能够成为有效掌握产品与服务价值的接收者与参与者的交互化。从现代供应链的要素上看，现代供应链管理要素的创新，是依托于产业互联网的全要素与要素集合的创新。供应链计划、供应链采购、供应链生产、供应链分销和供应链退货组成了供应链全要素，还包括了供应链保障各活动环节的创新。

因此，以上三个方面内容的变化，使得供应链的目的由关注企业的效率与效益变化到企业发展的可持续性与均衡性。一方面，现代供应链在同步性与交互性相互交织下，整个产业链上的企业能够降低经济与交易成本，提升产业链的整体竞争力，推动产业链上的产业集群进行结构性转型和升级，构建良好产业秩序，推动整个产业链中各要素协同创新，实现整个产业集群的可持续性发展；另一方面，在现代产业链的横、纵、斜多个方向与维度上的协同与合作，能够实现整个供应链上的企业的共同发展，同时带动相关产业的发展，也就是整个网络的均衡发展。显然，在现代供应链的体系中，依托于互联网技术的发展，通过物联网与大数据，构造出整个供应链网络中的要素、行为、整体决策的优化，最终实现供应链整体智能化、生态化、服务化以及可视化。

4.1.1.1　供应链决策智能化

根据现有供应链的特点，通过大数据手段，可以使企业在进行决策的过程中充分运用大数据手段与模型分析，从采购、生产、运输到最终销售各环节，实现产品生产、销售全过程的决策智能化。例如，在采购阶段，现代供应链通过大数据手段与模型分析，能够采集到大量的供应商信息，评估各供应商提供原料的质量、服务以及其他方面标准，从而大大降低成本。同时在生产、物流方面也能通过各种指标实现对资源的准确判断与预估，提高生产效益。在销售上，能够结合客户的需求，合理安排业务活动，根据客户的需求不断调整产品的生产，更好地应对市场竞争的压力和挑战。

4.1.1.2 供应链主体生态化

现代供应链的同步性与交互性能够形成良性的商业生态系统，使得供应链上的参与者在交织的网络中创造价值，推动商业网络的产生、发展和创新。良性的生态网络能够推动网络中的主体不断发展，使其组织方式和行为方式由原有的双边结构发展到三边甚至四边等多边结构发展模式。也就是说，从传统产业链中的供应商和客户双边结构，发展为包括政府、相关行业组织、其他供应链等三边或四边结构的生态圈。

4.1.1.3 供应链活动的服务化

由现代供应链中的各要素创新模式中，可以看出现代供应链能够整合各种要素，使得各种要素能够在最低成本和最大价值的状态下，实现供应链活动的服务化。这种要素的服务管理能够在交易、物流、资金流中，结合计划、组织、协调和控制等方式，实现多要素和多行为的交互与集聚，促进供应链在运作价值、协同生产管理、绩效与风险管理方面的创新。具体表现在，通过参与者间的相互服务与价值创新，实现由单一企业创新转变为整个产业链在上下游共同的整体协同创新。在资金链方面，通过金融服务供应链与医药供应链推动的金融创新，实现资产链从资金到资产端的全面创新。在生产中，能够实现制造与服务相结合，使得创新从生产的单一创新转变为生产与服务的共同创新。

4.1.1.4 供应链管理可视化

依托新技术手段，现代供应链管理能够将生产链的各个环节通过信息技术手段以图形化的方式展现出来，使得供应链上各个节点的信息能够连通，打破信息壁垒。不仅在企业内部，更在物流以及在链条上的各企业都能充分利用外部信息与数据充分及时做出相应反应。通过可视化的供应链管理能够及时掌握产品生产的第一手数据与信息，帮助企业依据掌握的信息及时采取有效行动，把握先机，制定决策和行动方案。并在遵守有关商业规则的前提下，优化整个供应链的流程，形成切实可行的方案，及时采取措施，使其能够尽快落实相关的行动方案，顺利实现企业利益最大化，达到整个供应链可持续与均衡发展的目的。

4.1.2　现代供应链创新路径

有经济学家指出，在市场竞争中，价格和产出水平并不是最重要的，技术、商业模式、供应源等要素才是真正的竞争优势。现代供应链的创新需要通过系统化的商业模式和方法来实现，进而实现现代供应链在产业竞争中的价值，促进供应链上的各参与者共同进步，带来协同效应。从价值实现的三阶段理论来看现代供应链的创新，也可以划分为三个阶段：定义价值、承诺价值以及实现价值。

4.1.2.1　现代供应链创新实践的定义价值

定义价值主要表现在现代供应链创新实践的第一阶段。定义价值主要是供应链中的各参与者之间相互沟通合作，促进各参与主体了解供应链中各方的问题与需求，根据供应链中发现的问题与面临的需求解决问题，从而满足各方需求，实现第一层次的价值。在这一层次的价值体现中，顾客由产品和服务的接受者转变为价值创造的参与者，而企业成为实现顾客价值创造的支持者。根据这一逻辑，现代供应链上的各个参与者都将是价值创造者，定义价值可以到达这个供应链的每一个主体与环节。

第一，定义价值的首要着眼点就是产业价值链的优化。产业的价值链主要是指由产业链上各方主要、次要活动和企业与企业间的价值链接构成的价值网。在现代供应链的创新实践的价值分析里，产业价值链分析是一种整体的视角，分析产业活动及其整个生产环节，并能识别出整个产业活动与生产环节是否有效率。就产业链价值分析内容而言，主要包括了三个层次的识别，第一个层次是现有价值链的识别，第二个层次是或有价值链的变化，第三个层次是应有价值链的重构。在每一层次的价值链识别中有其具体的任务。具体表现在：第一个层次是对现有产业链中的内容即现状的描述，如产业活动的构成要素、产业链的构成机制、利润的形成，等等；第二个层次主要分析了现有价值链受到影响会如何变化如价值链的收敛、挤压、融合、解体，等等；第三个层次的主要任务就是对价值链的重构也就是重新规划建立新的供应链体系。

第二，重新对创新系统的所有参与者的服务进行定义。现代供应链能详尽地分析价值供应链中各利益主体存在的潜在风险，从而使得各供应链的参与主体能够在经营层面和管理层面从顾客、产品服务方面或运营、信息、财务等方面入手解决相应风险对供应链双方带来的影响。

第三，供应链的创新能够明确供应链的目标定位和价值评价体系。一方面，价值平台的搭建能够使现代供应链生态圈中的各参与主体实现资源共享，带来共同的利益价值，并形成系统化的组织；另一方面，各供应链中的参与者息息相关，某一环节中的主体创造的价值都可在整个供应链的生态中实现共享，进而打造了一种共享的低成本的分享模式。此外，在良好的合作框架与健全的经济秩序中，能够进一步优化供应链的生态，促进产业的良好发展。

4.1.2.2 现代供应链创新实践的承诺价值

在现代供应链创新的第二阶段主要能带来承诺价值，也就是供应链的各参与方的协同创新能为客户实现价值创造的过程。

第一，运营流程实现更具有自组织性与动态性。运营流程在供应链的市场路径和价值产出过程中，共同解决需求方与供给方的相互沟通问题，从而实现双方的价值。而在现代供应链创新中，供应链流程具有针对性，面向特定的情境与顾客，也就是在整个供应链中呈现出针对不同情境的差异化合作者的情况下，自组织性会决定谁参与到特定的流程中。同时，对于不同时期同一参与主体的价值诉求也会进行动态性调整。

第二，现代供应链创新的激励机制。现代供应链对资源与能力十分关注。在互联网越来越发达的时代，知识技术的外溢性、分工的专业化发展，使得企业组织能从多方面多维度获取资源、知识、能力，并形成自身的优势资源。如果通过市场化的方式获取知识和能力，由于外部性的存在会产生交易成本，从而带来合作的不稳定性。因此，利用联盟或网络和知识资源就成为重要途径。激励机制是实现知识资源获得的主要形式。价值承诺中的另一个核心要素即激励机制也由此被引入现代供应链创新机制中来。在现代供应链创新中，一是考虑对供应链各节点的核验与管理，二是运用边际贡献度量参与者行为的外部性，通过不同的方式来判断服务传递过程中各方的关系是否动态、可持续。针对无法量化的外部性影响，则采取边际贡献度量的方法，以强化正外部性和弱化负外部性。

4.1.2.3 现代供应链创新实践的实现价值

现代供应链的创新实践带来的第三层次的价值主要在于实现价值，它通过系统化工具实现定义价值与承诺价值，明确参与者的预期收益。

在现代供应链中，从业务与技术架构可以看到价值实现呈现整体系统功能的做法。在现代供应链中，由于参与各方的生态性与其特定的流程特点，所以在业务与技术组织上，将不同于传统的模式，它将充分利用互联网技术，通过模块化的方式实现一体化设计。现代供应链发展的原因主要是互联网技术的推动，它也将拥有互联网行业发展的特点，即现代供应链也将快速迭代发展，可以根据用户需求快速更新系统，在业务实践中不断修正技术，避免调整周期过长带来的损失和系统不适等弊端。

4.2 医药供应链创新系统分析

4.2.1 医药供应链创新要素

医药供应链协同创新受到各种因素的影响，可以从内部与外部的角度来看，包括外部影响因素、内部个体影响因素。外部影响因素主要包括市场环境及政策支持，内部个体影响因素包括个体协同的意愿与能力。从主客观角度可以分为直接因素与间接因素。直接因素包括利益分配、信任、沟通等，间接因素包括协同创新网络的开放程度、知识距离和制度等。从创新环境对跨组织的协同创新的影响效果来划分，包括正面影响和负面影响。综合各类影响医药供应链创新的因素，可以归纳出影响医药供应链协同创新的主要因素。

（1）医药供应链数字化与智能化。当前，在信息技术快速发展的时代背景下，大数据、云计算、人工智能等技术在不同领域的介入，为医药供应链的数字化与智能化提供了有利条件。利用数字化与智能化可以有效地为医药供应链的需求端——消费者提供更为及时与详细的产品信息，减少信息不对称带来的负面影响，提高消费者的消费体验。

（2）互联网与医药供应及医疗的服务多元化。在目前"三医联动"政策推动下，要认识到我国当前的线下药店主要服务于处方外的客户，因此，要积极发挥互联网在医药供应链中的作用，利用"互联网+"技术和线上技术，在医药供应链中推行"互联网+医疗服务""互联网+药品供应保障服务"和"互联网+医保结算服务"等模式，提高医药供应链的运作水平，将医药与医疗服务相结合，构建一个多元化、智能化的医疗服务平台，为消费者带来更多新式、多元、快捷便利的服务。

（3）医药物流服务的专业化、便捷化与社会化。在现代供应链的不断创新发展中，供应链协同不断呈现出跨产业、跨行业的数字化协同趋势，供应链协同创新可以实现企业的成本节约与更高效益，并成为我国产业转型升级的新动力。如图4.1所示，在我国的传统医药供应链中，医药企业大多要承担自身药品经营流通的职能，也要承担其他企业的委托仓储运输的职能，也就是说医药企业需要采购原辅料、包装材料等进行医药生产，再通过经销商进行分销。在传统的运营模式中，医药企业不具备覆盖全国的物流网络条件，不同区域的医药产品由经销商进行销售。企业间没有协同就难以在保持服务质量的同时带来成本的下降，尤其是在物流费用上。而利用现代供应链协同创新，可以将医药流通企业的物流业务重新核算，建立更为全面、高质量的物流网络。例如九州医药集团建立了 FBBC 业务部，搭建了全国最广泛、最深入的医药供应网络，实现医药企业在物流上的成本节约。利用物流网络增加仓储的能力，也可将企业内承担的物流压力转至专业化的成熟的物流企业，实现高效运输，满足医药物流不断扩大的输出要求，专业化物流运作模式将为医药供应及医药行业发展带来巨大价值。

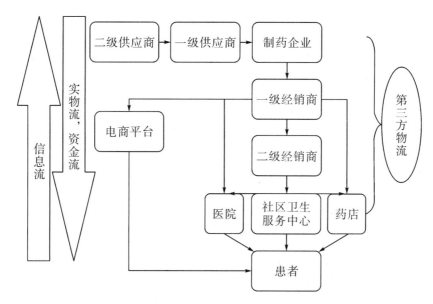

图 4.1 国内传统医药企业供应链结构

（4）医药供应链的创新生态化与网络化。根据供应链的创新理论，供应链结构的创新多元化趋势逐渐由双边、三边、四边结构转变为生态化与网络化的供应链。对医药供应链而言，也会随着供应链生态化创新结构的演变趋势，不断走向生态化与网络化，并实现协同主体的多元参与、信息共享、风险共担。

4.2.2 医药产业协同创新网络的网络节点分析

（1）医药企业——医药产业协同创新的主体。在整个医药供应链的节点中，医药企业是其中的核心，原因在于医药企业将科技与生产相结合，承担了医药研发、技术创新的核心功能，同时还需要进行药品的分销以适应市场竞争。

（2）政府——医药产业协同创新的主导者。由于医药行业的特殊性，政府在整个产业链中起着非常重要的作用。一方面，政府通过政策引导与财政补贴等形式向医药供应链上的各个参与方如企业、高校、科研机构、中介机构等予以支持；另一方面，由于医药的研发是一项长期的投入，研发成功后对于国计民生有着长远的影响，医药产业是具有战略性的新兴产业，因而政府会利用财政资金、行政手段搭建医药创新平台和渠道，促进医药企业的交流和资源共享，推动供应链各方的协同创新顺利开展。

（3）中介机构——新医药产业协同创新的支撑者。在整个医药供应链的节点中，中介机构主要起到衔接医药企业与其他企业的作用，为开展创新活动提供重要保障。中介机构主要包括金融、法律等行业协会，以及各类培训机构、事务所、风险投资机构等，为技术开发、咨询、转让等创新活动提供支持，提供人力资源开发与培训、投融资担保、业务策划和咨询、资金支持等专业性服务。

4.2.3　新医药产业协同创新网络的创新资源

不同于通过资源总量的增加来实现创新，产业的协同创新主要是通过对网络节点进行重新组合以及对网络中的资源实现共享、优化，达到网络结构的优化，从而提升创新的效率与水平。按这个思路，我们可以将协同创新的路径归纳为：通过网络节点的作用，让各创新主体之间有效实现交互关联，让资源在供应网络中得到充分流动，达到优化资源配置的目的，最终实现产业技术的创新。

从以上产业协同创新的普遍特征来看，医药产业协同创新网络也同样需要具备这些特征，因此，医药产业协同创新的路径一是增加医药产业网络中的资源总量，例如信息、知识、资金等，二是优化医药产业网络结构。如上文所述，在医药产业协同创新网络中主要包括了医药企业、政府以及金融、法律等行业协会等中介机构的网络节点，这些网络节点在医药供应链创新网络中各自发挥着自己的作用，并且互相联系、互相影响。由于医药行业的特殊性，医药研发的投入问题一直是困扰我国医药企业的难题，发达国家医药企业普遍将销售收入的15%以上用于研发，我国医药企业研发投入普遍只有3%的水平，而能够实现上市融资的也只有少数医药企业，因此，通过新增资源与协同创新来实现医药产业的创新是整个医药行业的迫切需求。

4.2.4　树立基于复杂网络和系统论的整体观念

（1）协同创新可以由要素的连接方向和产业链关系分为横向与纵向的协同。由于新医药产业发展对技术、资本要求极高，一方面医药的研发时间长、投入大，相对于其他行业而言，一旦研发失败，之前的长期投入将损失殆尽，风险巨大；另一方面医药行业的准入门槛比较高，进入和退出医药行业都比较困难，药物研发需要技术与资本雄厚的企业，因此，只有一些大型医药企业具备研发新药的资质，而这些大型的医药企业一般会从事整条产业链的业务，并获取高额利润。在此情境之下，医药产业的创新需求越来越大，创新供给已经滞后，特别是作为产业链终端的消费者需求在新医药产业中往往会被忽视和弱化。

在目前管理体系运行的医药产业协同模式中，主要是横向协同模式，研发合作主要是创新主体也就是医药企业间或高校与科研机构间的合作。而基于复杂网络和系统论的整体观念，主要的医药产业纵向协同模式，在专业化分工的基础上，通过与供应商、生产商和客户在联系和合作过程中构成纵向协同创新。这种纵向的协同创新可以适应新药研发周期长的特点，把非核心业务外包给其他企业或者医学院或者研究机构，将拉长的产业链缩短，形成纵向性质的协同创新。

（2）创新系统可以依据规模与空间分布情况进行划分。依据规模划分，创新系统可以将协同创新划分为单一的协同创新和集群式的协同创新；依据空间布局划分，创新系统可以分为区域协同创新和国家协同创新等。多个单一协作组织与若干产业集团的协同创新组织构成了医药产业的协同创新。而这些由各类单一协作组织与产业集群联合起来的协同创新构成了区域与国家协同创新系统中的重要组成部分。以我国的江苏省为例，作为我国医药行业聚集地之一的江苏是较早形成我国新行业协同创新的地区，在发挥产业协同创新效应的优势的同时，对新医药产业的技术升级产生了积极的影响。科技企业孵化器、产业技术创新联盟、创业风险投资机构和公共技术服务平台等都是支撑集群发展的创新载体。

4.2.5　大型医药企业的集聚作用

市场环境、自身需求和与合作伙伴之间的竞争会对各个创新要素产生影响，我们由此可以推断出新医药产业协同创新结构构建的规律性。对于构建新医药产业协同创新，要充分考虑到医药产业的特殊性和区域特点，使新医药产业的协同创新符合医药产业的产业特征和区域特色。

4.2.5.1　发挥大型企业在新医药产业协同创新网络节点上的集聚作用

在新医药产业中，实现协同创新网络最关键的要素和主体是大型制药企业。只有发挥好大型制药企业的作用，才能更好地发挥产业竞争的影响力，以新的市场结构展现产业集中度，明显提升新医药产业规模经济的作用。在这个过程中，将创新各要素之间的各种形式进行兼容合并和重新组合，统筹规划集合创新系统里的资金、技术和人才等资源，冲破障碍，实现新医药产业技术的创新和集成。如在江苏新医药产业协同创新网络里，主要要素的连接和管理尽管也不是均衡发展的，但胜在销售收入领先，尤其是在技术创新方面取得了不俗的业绩，如扬子江药业和恒瑞医药表现突出，正大天晴、豪森药业和济川制药等企业也同样表现亮眼。因此，在发挥大型制药企业在新医药产业协同创新网络节点上的集聚作用方面，我们既要努力推动企业之间的协同合作，又要注重创新重构，科学合理地深入推进企业、高校和科研院所之间各种形式的合作。

4.2.5.2　以集群式协同创新辐射作用推动新医药产业协同创新

创新网络中的关键任务是促进创新网络中各资源的流动性和加快发展产业集群，把密集、资源丰富和流动性强的活跃区域作为推动产业协同创新的突破点和着力点，并发挥这些活跃区域的重要作用，实现以点带面，优化创新。优化创新网络，提高创新效率的前提条件和基石是系统资源的流动性。通过对原有区域整改和升级，以集群式协同创新辐射作用推动新医药产业协同创新。如产业布局已经清楚明了的"一城六区"江苏新医药产业集群，囊括了发展各具特色的泰州中国医药城，以及南京、苏州、无锡、常州、连云港和南通六个医药产业区域，形成了一个规模庞大的新医药产业集群，产品集群内部的信息、知识、资金充足，产业流动速度快。这些产业集群的不断发展壮大，为现代医药产业的协同创新提供了有益的范例和借鉴。

4.2.6　政府的市场调节作用

药品是一种特殊商品，是在提高医药物流供应链集成程度的供应链上的一个关键因素。因此，在医药供应链的搭建上，政府要发挥市场主导和调节作用，在国家的宏观政策背景下，以政府监管为核心，以市场为着力点，产生一批具有国际竞争力和对行业有带动性的大型企业集团。政府通过政府调控行为，由国家进行严格监督，减少医药企业的数量，以联合、兼并、拍卖、撤销等形式对散布在全国药品流通领域的物流资源进行整合，提升企业规模经济水平和产业集中度，改善其功能，发挥医药物流供应链集成效果。

4.2.6.1　构建医药物流供应链管理信息平台

在医药物流供应链管理体系中深入推广信息技术的应用，构建适应现代化医药物流供应链服务体系的管理平台，建设以政府为主导、企业为主要参与者和建设者的更加智能化的医药物流供应链管理信息平台，实现供应链节点企业物流信息的交换共享。如在药品流通企业中广泛推广条形码、电子数据交换技术（EDI）、全球卫星定位系统（GPS）、地理信息系统（GIS）、无线射频识别（RFID）、电子订货系统（EOS）、客户关系管理（CRM）、物流信息系统（LMS）等先进物流技术，通过强化和大力推广，建立起以信息技术、现代智能管理为主要技术的现代医药物流供应链服务体系。

4.2.6.2　提高创新供应链管理思维、管理能力和服务水平

当前，医药供应链的发展面临行业增速放缓的问题。面对现实，笔者认为应积极开拓和创新供应链的管理思维，大力探索开展医药电子商务企业的电子商务技术应用模式，推广"互联网+"技术并将其引向深入。将大数据技术应用于管理已经是现阶段国家在供应链管理方面的发展趋势。各级政府及药品流通企业要与时俱进，紧紧抓住时代发展机遇和各项政策红利，在医药供应链管理中深入推动健康大数据的应用，全力发展医药电子商务，将医药电商作为新的药品流通行业供应链体系，主动探究新的服务模式，积极同医疗机构展开各种各样的业务合作，例如提供各类增值服务、配送服务等，同时加强提高药品配送的安全性和便捷性，以满足客户个人专属定制的需求，以更好的管理效率和服务效率来提高医药行业管理能力和服务水平，促进医药电商的发展。

4.3　医药供应链管理模式创新

4.3.1　医药流通企业合作模式创新

通过"医药+医疗"供应链平台，大型制药企业、各层面的医疗机构、零售网络及患者形成一个大数据网络。医药供应链中的医药流通企业显得越来越重要，为了满足不同利益相关者的需求，医药流通企业必须推出不同的供应链管理的解决方案。具体而言，可分为如下几类：

（1）发展 B2B、B2C 业务，自建平台；

（2）积极加入"医疗+医药"供应链平台，可以将医药制造商、批发企业、零售药店、医院资源进行整合，并通过"医疗+医药"供应链平台提供就

诊咨询便民服务；

（3）开展 O2O（线上对线下）业务，通过与医药电商企业合作，实现快速物流、信息互通及相应的慢性病健康管理；

（4）"医药+医疗"供应链平台能开展智能问诊、购药及医药报销等服务，帮助患者完成问诊、购药的全过程。通过"医药+医疗"供应链平台资源整合，共享信息，线上诊疗与线下就医、线上购药与线下配送网络的协同合作，能够进行跨行业合作、跨地区配送药物。

4.3.2 "医药+医疗"供应链平台创新模式

根据国家政策导向，结合张光明等学者对协同创新结构的相关研究，笔者提出我国"医药+医疗"供应链平台创新模式，如图 4.2 所示。

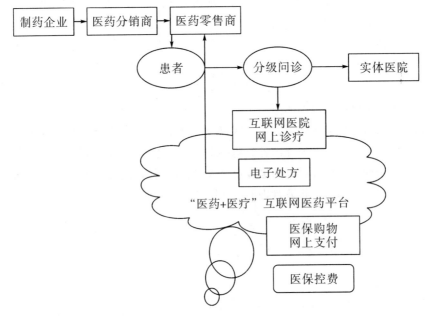

图 4.2 "医药+医疗"供应链平台创新模式

该模式的提出主要基于以下三点：

（1）基于"两票制""三医联动"的政策改革。"两票制"的本质是医药供应链的简化与优化，"三医联动"则需要协同创新以打造更为灵活便捷的医药供应链模式。

（2）医药分开和协同创新。医药分开、医疗与医药环节协作；平台信息共享、平台运营管理、及时就近就诊、跨区域调配药物理念逐渐在个人用户中形成消费习惯；医药供应链领域逐渐采用定时物流。

（3）医药+医疗。随着国家政策的推动，新型"医药+医疗"创新协同屡见不鲜，"医药+医疗"的供应链服务平台成为趋势。

4.3.3 医药供应链创新主体与协作模式

医药供应链各个利益相关者都有对各自需求的物流服务、快捷高效的配送、合理采购及供应链管理服务等需求。"医药+医疗"供应链平台的各个利益相关者如图4.3所示。基于全渠道零售背景，对于不同的模式共同协作、创新提出了更高要求。"医药+医疗"供应链平台上各利益相关者的资源必须进行相互融合和协同创新，以期实现平台更加高效地运转和实现更大供应链价值。在当前政策背景、行业现状及实施"医药分开"的前提下，创建"医药+医疗"供应链共享平台是一种有利于各利益相关者的协同创新。

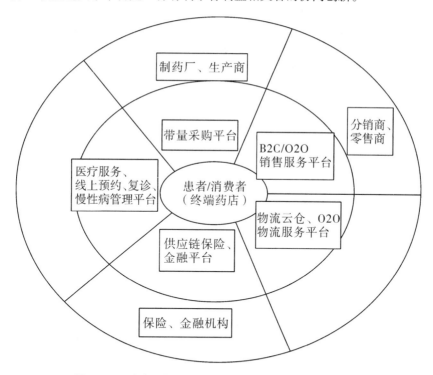

图4.3 以患者为核心的"医药+医疗"供应链创新主体

为了满足患者线上问诊与线上购药、线上问诊与线下就医的闭环服务，可以借助"医药+医疗"供应链平台，各个层面医疗机构的医疗服务能力提升主要依靠"医药+医疗"供应链平台，提供及时便捷的线上、线下相结合的协同服务。

借助"医药+医疗"供应链平台，能为各个层面医疗机构（包括医院、诊所、社区卫生服务中心和卫生院）以及零售药店提供快速需求信息，并对各层面医疗机构诊疗水平进行评价，通过"医药+医疗"供应链平台，利用互联网医疗平台大数据、平台签约医生和线下医疗网络资源等，可以为医药物流企业提供药品及患者信息。

4.4 "医药+医疗"创新模式信息流通机制

4.4.1 数据类型

"医药+医疗"供应链平台资源的共享，主要通过平台上各个相关主体之间的数据交换与共享，其中供应链上各个利益相关者的基础数据需要平台进行必要的处理并认证，保证各种类型数据的真实性。根据这些数据来源的不同、参与主体的不同，我们将数据分为患者信息、就诊信息、金融和保险数据、医药大数据四大类。

（1）患者信息。来自患者的个人信息数据主要包括姓名、性别、身份证号等用户识别信息、手机号、评价数据等，评价数据主要是患者对医疗服务机构或医药品的评价反馈。

（2）就诊信息。通过"医药+医疗"平台记录下的就诊信息主要包括就诊历史、使用药物过敏史、医疗机构电子处方、医保结算信息、药品消费信息等。

（3）金融和保险数据。此外，为"医药+医疗"供应链平台提供中间信息的主要有保险费用管理与支付、物流服务商信息、有药品运输资质的快递公司、互联网零售电商、第三方药品追溯平台、医药从业人员所在服务机构等。

（4）医药大数据。药品生产商则负责收集和提供药品的固有属性数据，包括二维码。

任何"医药+医疗"供应链平台的数据共享都是为了可以给平台上的所有节点用户提供更好的服务，数据共享可以增加供应方收益。

第一，通过将其他关联账号与平台账号关联，患者大数据信息可以为供应方提供更有效的信息匹配，并通过多次交易的信任机制和选择决定更科学的生产决策；

第二，利用患者大数据信息的供应方可以通过平台上的数据分析结果给需求匹配的消费者推送消息，而且不再需要被动预测消费数据；

第三，为促进医疗机构和医药企业之间进行有效的数据流通，"医药+医疗"供应链平台能迅速地提供数据和及时反馈信息；

第四，更全面的数据，将更有利于供应方设计、细分共享模式；

第五，信息获得更加及时，并可以利用即时信息实现最优就诊选择。也可以让患者在此过程中得到极大的便利和信任。

4.4.2　患者

患者对医疗服务和医药的需求是平台的基础数据，支撑数据流通的关键必须是以患者需求为出发的一切行为信息。具体到"医药+医疗"的实践场景中，从患者使用医疗 APP 预约挂号或者网上诊疗行为开始，平台为患者提供基础服务功能，获取数据的重要渠道就是各类企业之间的连接平台。平台接收患者的就诊需求信息，随之发布相似信息或延伸信息，医药生产商则可以通过平台不断获取信息，并将其运用于调整产品结构。同时，患者的就诊和对药品的需求不断得到满足，这样就不会出现某一类药品短缺的情况，可以及时产生关于某类药品的库存需求数据，持续创造价值。在"医药+医疗"供应链平台共享信息的基础上，患者就诊需求信息是能够获得供应链的创造价值：

第一，通过平台信息共享，可以节约很多就诊、买药、社保支付的时间，并且引导患者有目的地去进行就诊；

第二，基于信息传输与共享的定位技术可以使得对患者就诊需求的筛选更加精准；

第三，患者就诊可以通过关联地理、科室、病情等信息数据来登录平台并且选择合适的医疗机构就诊；

第四，患者就诊可以通过手机银行、微信支付、医院统筹等实现实时支付。

"医药+医疗"供应链平台的重要特征之一是在将医疗服务和医药销售的资源建成一个共享资源库，患者就诊信息相关的利益相关者无疑是"医药+医疗"供应链平台资源共享的核心，促使患者大数据流向形成了自己独特的规律，是因为"医药+医疗"供应链平台中各利益相关者的分工不同和地位差异，并在此基础上打造一个具有强大患者就诊能力的业务网络。相比较而言，传统"医药+医疗"平台的患者数据以及药品共享资源库是孤立的。为了保证在不同的业务场景（就诊、买药、医保报销等）中实现患者信息的联动共享，必须对整个医药行业的信息实施监控，才能充分将这些零散的供应链上的节点企业活动变成一个强大的"医药+医疗"供应链平台信息流业务网络，实现信息的多方向流动、流通。实际上，本书是以整个医药行业供应链为研究基础，以"医药+医疗"供应链平台中的利益相关者节点作为网状结构设计，网络信息流之间都可以进行数据交互，实现"医药+医疗"供应链平台与利益相关者之间的数据流通，并进行数据交互，获得"医药+医疗"供应链平台业务网络的患者信息数据。网络中涉及的各利益相关群体也许会出现这样或者那样的利益矛盾。在"医药+医疗"供应链平台中，一切患者信息皆可被数据化并实现共享和协同创新的条件下，各利益群体应该共同利用大数据技术，享有并获得患者数据、药品的巨大创新价值。就本书研究的对象来看，"医药+医疗"供应链平台各利益群体的具体成员应包括：患者（就诊方），原材料供应商、生产商、医药分销商、医药零售商（供应方），医疗运营平台（医院公众号、互联网医院线上诊疗），第三方支付（微信、支付宝、医保线上支付等）、保险公司、医疗机构电子处方信息、医保结算信息、药品零售消费信息等。其中原材料供应商、生产商、医药分销商、医药零售商（供应方）作为平台的一部分，主要采用互联网认证方式实现数据传输。通过互联网平台进行交互实现信息共享，则主要集中在患者（需求方）、医疗运营平台（医院公众号、互联网医院线上诊疗）、第三方支付（微信、支付宝、医保统筹支付等）、保险公司、医疗机构电子处方信息、医保结算信息、药品零售消费等信息上。

4.4.3 "医药+医疗"供应链平台

"医药+医疗"供应链平台是连接患者与医院、医药生产商、保险公司等的关键数据库，也是各利益相关者进行数据流通的网络。患者、医药生产商等都是"医药+医疗"供应链平台的用户，在"医药+医疗"供应链平台上，既要满足各个节点用户的需求，也要在此基础上创造新的自身价值和供应链价值。具体如下：

第一，"医药+医疗"供应链平台拥有患者及用药信息的大数据信息，数据的"马太效应"马上会显现出来；

第二，利用大数据可以打开全新的视角和创造全新的、开放的市场平台或推出合适的大型药企品牌；

第三，新的信用体系可以得到建立，通过"医药+医疗"供应链平台大数据能重新定义患者与医院、医药生产商之间的关系；

第四，利用"医药+医疗"供应链平台可以扩展信息资源，并对供应链节点上的利益相关者延伸出更多的增值服务；

第五，互联网认证模式能双向同步"医药+医疗"供应链平台的数据。基于"医药+医疗"供应链平台可以获得供应链增值。

4.4.4　第三方支付

第三方支付服务商也是"医药+医疗"供应链平台的重要节点企业，"医药+医疗"供应链平台的第三方支付特别增加了医保支付，为用户提供最为便捷的服务。"医药+医疗"供应链平台的大数据涵盖了患者就诊和使用医保结算行为以及购买医药的信息。通过"医药+医疗"供应链平台，可以为患者提供最优就诊信息，并实现医疗和医药信息共享。

4.4.5　其他平台

"医药+医疗"供应链平台上还需要有第三方平台，这个第三方平台的主要作用是为供应链平台提供信用保证。其中，主要包括保险公司、银行、征信部门等。该平台包括了"医药+医疗"供应链平台上所有利益相关者的行为信息分析，"医药+医疗"供应链平台各利益相关者的信用信息均可通过互联网认证模式共享。

4.4.6　医药创新供应链技术框架

"医药+医疗"供应链平台是以患者为中心的点对点的功能平台，是由供应链网络的参与者基于利益相关程度搭建的系统，支持智能合约发布和达成等相关事务功能。各利益相关者均通过"医药+医疗"供应链平台发布相关需求，资源持有方则可以通过平台接受需求预订。相关第三方是指提供第三方支付服务商，也是整个诊疗过程的参与者，为缺少相关能力的数据需求方提供软硬件支持。审计监管方则对流通过程进行监督。信息的规范化、各利益相关者成员管理则由平台市场运营方负责，提高"医药+医疗"供应链平台的稳定性和诊疗服务质量。具体如图4.4所示。

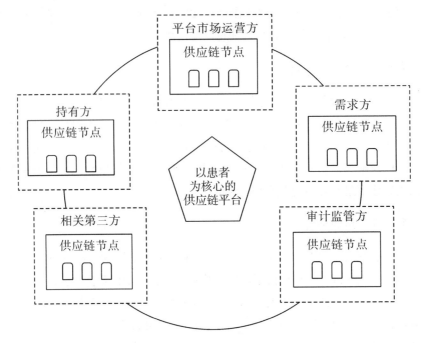

图 4.4　以患者为中心的供应链平台

4.5　数据流通机制及其特征

4.5.1　核心流通机制

结合"医药+医疗"供应链平台的构建设想，在对各利益相关主体进行行为特征分析的前提下，构建出对应的"医药+医疗"供应链平台运营核心框架，构建相关利益群体的信息分享，促使其良性竞争，在自身经营范围内努力提升药品质量和诊疗水平，为患者带来更好的就诊体验，也会大幅度提升供应链的价值溢出效益，实现真正的合作共赢。因此，在"医药+医疗"供应链平台资源中构建开放、安全、自由的数据流通系统，可以进行更好的互联互通。通过数据资源的共享，以期达到降低整个"医药+医疗"供应链总成本的目标，包括链上医药供应商的采购成本、药品运输成本、库存成本等。这都需要打通数据链条，构建完整的基于信息共享的网状模型。在该模型中，相关利益群体之间可以共享以患者需求为基础所产生的个人信息、行为信息、商业价值等。与此同时，它们之间在数据流通的过程中也存在着价值交换，从而达到物流、资金流、工作流和组织流的集成。平台运营过程中经常用到大数据处理技术，如电子信息数据交换技术、全球定位系统和地理信息系统等。只有各个利益群体通过信息技术实现数据流通的良好模式，才能为患者提供更完善的功能服务，最终实现"医药+医疗"供应链平台的商业价值。供应链平台是从客户开始，到客户结束，是真正面向客户的平台。在"医药+医疗"供应链平台中，患者和分散的药品供应、医疗、保险等资源数据是平台的基础数据，将大数据处理技术与互联网相结合，构建出基于数据流的核心框架。如图 4.5 所示，通过供应链模式可以共享平台内部的利益群体主要信息，通过互联网认证也可以实现平台外部的其他利益群体数据的共享。

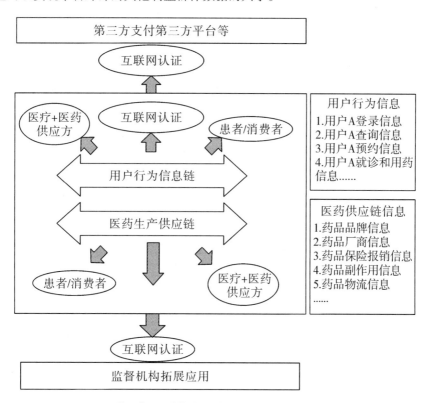

图 4.5 "医药+医疗"供应链平台的数据流通核心机制

4.5.2 机制的特征

"医药+医疗"供应链平台资源的网络共享基础是大量的患者就诊需求和广大的医药生产商。而借助"医药+医疗"供应链平台资源和大数据处理技术让平台信息得以分享与展示，实现即时的就诊、购药供需信息展示。在"医药+医疗"供应链平台资源中，除药品供应商的信息外，还允许医院、养老服务机构将能提供的相关医疗服务发布在平台上，这种大数据即时处理分享的方式可以吸引更多的资源，增强平台的利益相关者深度融合协作。通过用户接入网络进行账户的注册和就诊，可以即时分享到"医药+医疗"供应链平台，同时还能分享自己的就诊及用药体验。基于数据流通机制的"医药+医疗"供应链平台，并不是以前医药一体模式，而是在医药分开的基础上，实施资源共享前提下的商业联盟，供应链节点上的医药企业与医疗机构处于平等地位，它们的商业价值依赖于患者口碑。为患者的医疗服务提供的是各种组合下的"医疗+医药+保险"的即时选择方案，解决了患者就医难、用药难、报销难等现象。日后必然会出现越来越多类似平台的融合方式，为患者就诊提供更多的便利。互联网上的就诊、购药、报销等交易行为大部分来自供应链上的利益相关者之间的交易，信任机制对平台的发展至关重要。

患者初次使用"医药+医疗"供应链平台资源，可以通过注册账号、微信或手机号进行登录，患者的个人信息以及账号附带的社会关系价值均可以共享到平台上，并在平台获得相关的评价分值。患者也可以通过查询平台提供的医生的基本信息、以往患者的评价等，来获取医院的评价，并据此判断是否要到该医院就诊，"医药+医疗"供应链平台也为患者提供了就近点就诊的选择及医疗机构信用保障。患者的需求和为患者提供服务的医疗机构、医药供应商、保险机构等通过"医药+医疗"供应链平台进行了有效的对接。随着患者需求的不断增多，医疗机构、医药供应商、保险机构等可提供的服务范围也不断扩展，不断实现平台功能的快速丰富。"医药+医疗"供应链平台运用 LBS（基于位置服务）技术来完成就诊和药品购买活动。例如，患者通过查看平台中的医院定位和医生预约挂号信息迅速找到与自己地理位置相匹配的医疗服务；在购买药品时，也可以搜索距离自己位置最近的药店，采取医药到家的物流方式；患者还可以在系统平台上直接进行医保申请，医保和金融机构直接结清账单。系统通过不断的对接匹配来完成患者就诊、购药、保险报销等活动，而保险机构也可以从平台获取相关患者信息。

4.6 "医药+医疗"供应链平台的部署

4.6.1 基本原则

4.6.1.1 公开共享

平台的设计应遵循公开共享的原则，采用公开共享的技术标准和标准体系结构、共享的资源、开放的技术路线和应用，并可以与第三方平台或医院进行交互和共享信息。

4.6.1.2 技术先进

平台采用开放平台和集成技术，以确保应用服务平台可以扩展。为了提高数据的存储效率和读取速度，数据存储单元采用了当前高价格比的分散型存储技术。

4.6.1.3 可靠性

作为一个整体的社会服务的形式，平台可靠性是非常重要的。应加强医疗安全检查的外部接口建设，加强有效的预防工作。

4.6.1.4 安全性

平台使用中央处理技术来确保一致性和功能的完整性，降低了平台软件部署、升级的工作量和难度。同时，通过负载均衡并行处理技术提高了平台的整体处理能力和可靠性，保证了平台的运行。各种医疗机构、仪器设备、医生和病人信息等获得有效的安全保障。平台运行效率不低，确保平台的基础数据不被盗。

4.6.1.5 易维护性

平台非常方便患者与医院、医药流通企业沟通、操作便捷、维护方便，只要在平台上遵循统一的程序设计规则，并尽量参数化设计。

4.6.2 整体架构

"医药+医疗"服务平台和安装数据中心为面向业务应用程序的用户提供全生命周期服务。业务应用程序支持单机应用程序、信息传播和低成本线性扩展。同时，针对各方独立的服务功能，必须进行"医药+医疗"服务平台分层设计，数据集中收集和分享，并分层支持相关业务应用，面向用户提供全生命周期服务和统一入口，业务应用程序支持单机应用程序、信息传播和低成本线性扩展。更进一步，针对各方独立的服务功能，还必须进行"医药+医疗"服务平台分级设计，以供应链各单位服务进行分阶段、分级开发，并逐步部署技术集成，通过统一的"医药+医疗"供应链平台管理将服务层进行整合，平台应用为各医院、大型医药企业、患者提供更完善的业务需求。图4.6所示是"医药+医疗"供应链平台逻辑架构。

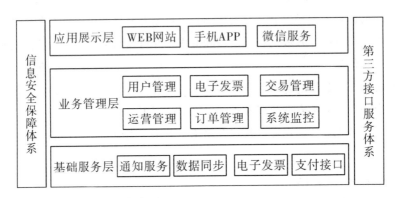

图4.6 "医药+医疗"供应链平台的逻辑架构

面向用户的"医药+医疗"供应链平台由基础数据收集层、业务集成运用层、应用交互式设计层构成，自下而上分布。以患者行为为核心的就诊信息以及供应链管理信息均集成共享在数据资源层。数据交换层不但可以对供应链管理信息进行存储，还可以提供面向对象的服务。如图4.6的逻辑架构可以实现该面向用户的"医药+医疗"供应链平台中的利益相关者数据共享。

面向患者的有微信公众号、APP应用等服务渠道。面向患者"医药+医疗"供应链平台包括APP或者微信公众号预约平台、面向医药供应商管理运营的资源信息发布平台、面向所有供应链利益相关者的财务信息和电子发票平台、信息交互设计、统计分析平台、平台监控及后台管理平台等通过相关接口集成"医药+医疗"供应链平台。图4.7是"医药+医疗"供应链平台的物理架构。

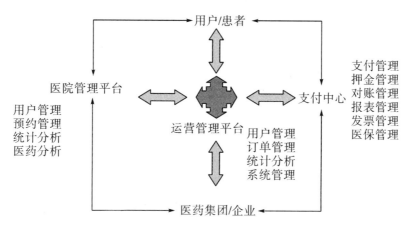

用户认证
医院查找
登录预约

用户/患者

医院管理平台

用户管理
预约管理
统计分析
医药分析

运营管理平台

支付中心

支付管理
押金管理
对账管理
报表管理
发票管理
医保管理

用户管理
订单管理
统计分析
系统管理

医药集团/企业

图 4.7 "医药+医疗"供应链平台的物理架构

4.6.3 "医药+医疗"供应链平台的实现

医院诊疗水平及大型药企制药质量的即时改变必须及时体现在"医药+医疗"供应链平台的信息分享中,这样就可以为所有用户的安全提供保障进而保障平台的安全。这种信息的收集必须在患者就诊以及药品使用过程中,需要多种用户对发生的各种信息进行操作,其主要表现在:就诊过程中即包含对医院就诊感受、医生技术评价,反过来,医院对用户以往信息的识别以及医药企业药品质量信息以及性能评价;药品使用过程中各种参数的录入等。

4.6.3.1 面向用户的类别

在"医药+医疗"供应链平台中,根据供应链利益相关者的权限和功能将供应链平台用户分为三大类:大型医药企业用户(主要为平台提供产品的大型药企)、个人用户(主要通过平台预约就诊服务的病患)、认证用户(主要对个人提供就诊业务的医院)。

4.6.3.2 用户功能描述

(1)大型药企

大型药企为供应链平台提供了大量的药品。作为"医药+医疗"供应链平台中的大企业,在其加入平台时必须经过严格的资格审核,资格审查通过的药企则可以与供应链平台运营管理者签署商务合同。供应链平台运营管理方则赋予作为平台记账节点的大型药企在该平台中对药品供应信息进行记账管理等相关权限。

资格审查通过的大型药企需要给"医药+医疗"供应链平台提供节点服务器，为了保证数据的安全性，供应链平台运营管理方需要对厂家的节点服务器进行严格的认证。

大型制药企业提供的药品，应该包括所有的核心参数详细记录。通过相关的节点服务器对所有的核心参数进行验证，在"医药+医疗"供应链平台上，形成药品的初始化参数，具有初始化参数的药品会被分配唯一的编码作为该种药品的唯一识别凭证。

（2）患者

通过"医药+医疗"供应链平台客户端进行注册的患者，必须进行实名认证并提供身份证件号，可以保证用户信息的有效性和可追溯性。通过实名认证的个人用户的基本信息（需要提供自身患病史、过敏史、住址等信息）、就诊信息和使用药物的信息反馈将会通过客户通道被记录在"医药+医疗"供应链平台上，患者信息就能成为"医药+医疗"供应链平台的共享资源，并被迅速地反馈给医院和大型医药企业。患者在就诊的过程中，可以依据住址优先（包含住址附近医院的列表）、医生水平优先（包含某个科室的医生详细介绍、就诊时间等参数）等搜索路径来选择满足自身就诊需求的医院，并将这些详细信息存储于"医药+医疗"供应链平台，同时必须保证这些信息的真实性、完整性。

（3）医院

医院和大型药企一样，为了保证平台上的医院的正规性、医院信息发布的公平公正，医院是不能通过客户端进行申请的，而必须进行严格的资格审查。资格审查通过的医院则可以与供应链平台运营管理者签署商务合同。"医药+医疗"供应链平台就是一种协同供应链，其优势是通过个人参与、物联网、资格审查与平台验证等方式完成药企信息、药品信息、患者信息、医院信息等各个环节的信息整合与分享，平台必须对相关共享信息的真实性、有效性负责。通过平台数据的分享，患者个人用户可以充分地了解医院各个科室的信息、医生的信息及药物信息的真实性，其迅速、即时的信息分享和平台的监管避免了传统信息传递过程中对各个阶段信息真实性、完整性的影响。

4.7 本章小结

现代医药供应链创新给医药行业的创新发展带来了新的契机，理顺医药流通领域中各个企业间的关系，对构建我国安全经济的医药供应链有着重要意义。本章阐述了现代供应链创新的路径，分析了医药供应链创新系统，从医药行业的创新要素、网络节点与数据流通机制方面提出构建协同创新医药供应链模式。

最后，还给出了"医药+医疗"供应链平台的部署和实现方式，"医药+医疗"供应链平台融融合了医疗、医药产业链、终端用户（患者），实现产业集群效应。通过 VR、云计算、物联网等技术线上与线下即时响应患者的需求，使得患者获得最佳就诊、购买药品体验。结合区块链的技术支撑、信息共享、业务流程整合提升"医药+医疗"供应链运营管理水平。平台集成将构建全新的产业生态系统，获得价值增值，为医药企业活动提供良好的市场环境。

5 "医药+医疗"供应链管理绩效评价体系

研究"医药+医疗"供应链管理绩效，必须对"医药+医疗"供应链管理绩效评价的研究范畴进行界定并建立整体框架。为了对其研究内容有个清晰的界定，首先给出"医药+医疗"供应链管理绩效的定义。然后，针对"医药+医疗"供应链网络绩效机理进行分析，并对"医药+医疗"供应链绩效评价体系进行分析。

5.1 "医药+医疗"供应链网络管理绩效评价的定义

相对于单个企业而言，在创造价值的过程中，供应链价值是通过供应链平台上利益相关者的多方向多链条信息交叉流动实现的。整个价值创造过程不再局限于单个企业的内部，而是已延伸为平台上利益相关者企业之间的相互协作。

在价值网视角下，各种类型的企业都可以借助此平台获得海量的大数据，并据此做出即时的反应。但是在企业从内部扩展至上下游其他主体的过程中，企业将会面临更大的风险，企业进行战略规划主体的范围必须扩大。在企业战略规划主体扩大化的过程中，与同类型、供应链上下游的企业协同配合、融入整个价值网，是"医药+医疗"供应链价值增值的关键因素。

"医药+医疗"供应链平台的即时信息分享技术，可以切断医疗机构与药品营销商之间的直接经济利益关系，让患者加入这一价值链网络中，解决"以药补医"问题。

通过"医药+医疗"供应链平台可以实现供应链网络上的实体药店或批发商、大型药企生产商、患者及医疗机构之间的即时沟通。数据平台和网络平台在优化各方面资源、信息公开方面有着独特的优势，信息即时共享有利于企业形成个性化的生产偏好，企业与企业之间结成战略性同盟，不断对"医药+医疗"供应链价值链网络进行整合，从而有效降低链上医疗机构、医药上下游企业的运行成本，提高企业管理和运营效率并创造出更多企业价值，从而获得价值链网络体系的价值增值。基于上述论述，本书给出如下"医药+医疗"供应链绩效定义：

定义1："医药+医疗"供应链管理绩效是以患者为中心的网络化的供应链平台，为医疗机构或者医药企业提供即时信息共享，提高医疗机构和医药企业对患者需求的响应速度。"医药+医疗"供应链平台适合面向患者进行医疗和医药社会资源的整合，创造出比传统供应链更高的管理协同价值（结果绩效）。为达到上述目标，平台成员单位将采取各种协同管理行为（过程绩效）。

供应链管理绩效既可以是一个结果管理绩效（静态），也可以是一个产生该结果的动态协同管理行为（过程绩效），具有动静结合的特点。

由前面对"绩效"的描述，我们给出"医药+医疗"供应链管理绩效评价的定义2："医药+医疗"供应链管理绩效评价体系是根据一定标准、评价模型建立特定管理系统指标体系，按照一定的程序，运用各种统计方法，对"医药+医疗"供应链平台管理运行表现和运行效果做出客观、公正和准确的综合评判。

5.2 医药供应链网络绩效管理机理分析

供应链管理是通过供应链平台上利益相关者的多方向多链条信息交叉流动实现的。演化博弈机制是供应链平台上利益相关者管理的核心机制。深刻理解这一核心机理，有助于选择合适的管理绩效评价方法、构建模型和指标体系等。利用演化博弈模型分析供应链中的合作博弈机制给供应链成员带来的利益的变化，揭示供应链中成员企业如何依据博弈机制制定合适的企业战略决策，从而使得供应链产生高绩效。

5.2.1 医药供应链核心企业的分层设想

利益集团与公共选择对医药供应链的"两票制"改革具有很深的影响及作用，这种医药企业的垄断现状也是医药供应链管理绩效提升的重要阻力，因此，实现有效竞争的"两票制"改革，关系到医药产业的健康发展和医药供应链的优化。这就需要根据医药产业的发展方向，调整和完善医药产业的市场结构、范围和组织结构。沈笑寒结合已有的医药供应链与中国企业合作的研究，考察了产品链与中国企业的差异，医药供应链中企业间的合作与非合作。研究发现：在同等服务水平下，成员公司的合作可以显著提高药品供应效率，降低药品零售价格，提高医药供应链的整体利润。胡正东提出了药品生产企业与药品批发商合作的演化模型，并对其影响因素进行了分析。结果表明，药品生产商和批发商采取合作策略的可能性与合作成本成反比，与额外净收入成正比，同时，新增净收入的分配系数也会影响双方合作的成功率。这些初步研究都偏向于提出医药供应链核心企业竞争格局事实上存在分层竞争。

借鉴"两票制"的核心企业划分以及王燕以适度垄断为特征的层次性明显的建筑企业结构模式划分思想，我国医药产业结构应是医药生产企业集团、医药批发企业和医药零售企业三个层次的层级医药企业网络，是医药改革后医药行业竞争的主体层次。我国医药产业结构将会形成有层次的医药供应链主体竞争格局，而层级医药企业之间的比例会随着层级之间及同层次之间竞争与协作而产生变化。医药企业合作竞争的目标是根据自身的专业制药领域的技术提升，选择企业最佳生产规模来降低平均成本。从动态的角度考察，随着层级之间及同层次之间竞争与协作而产生变化。医药企业在上述网络系统中的位置是随时变化的，随着医药企业在专业制药领域的技术提升或者降低，大多数的医药企业都面临战略选择，调整与其专业制药水平一致的网络位置。据此，形成分层医药企业网络模式，见图5.1。

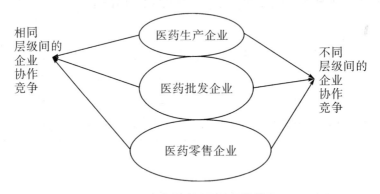

图5.1　医药供应链网络结构模式

由图5.1可知，层级间和分层间企业的竞争与协作都存在于错综复杂的医药企业供应链系统中，医药企业供应链系统价值提升需要连接不同医药企业的结点。整体供应链创新价值的提高主要是由医药企业在层级间与分层间的相互作用实现的。医药企业之间在层级间与分层间的相互作用可以分为协作与竞争两种形式，企业对协作与竞争形式下获得利益的判断决定了它们具体采取哪种方式。分层间的医药企业均处于非对称状态，我们可以通过建立适应于层级医药企业动态演化博弈的模型来分析它们之间的动态竞争与协作关系。

5.2.2 医药供应链网络结构博弈模型

5.2.2.1 相关概念

演化博弈论侧重于分析网络结构下的群体结构的变迁，运用这一理论可以分析在网络特定环境改变的情境下，层级医药企业中的各个节点企业在层级供应链网络中的位置及网络结构的变迁。

演化博弈论中用来描述演进过程的一个稳定状态的概念是 ESS，是种群中可以持续存在的一种方式。其基本思想是：一个特定的行为方式被称为演化稳定的，如果它的种群不能被变异成功侵入的话；或者说，任何偏离特定行为方式的个体都具有更低的生存能力，种群将会恢复到原来的状态。也就是说，原始状态也许有几种行为模式，如果一种特定的行为模式能够逐渐支配整个种群，那么具体的行为模式就是 ESS。ESS 一定是纳什均衡，但不是所有的纳什均衡都是 ESS。其演化过程有助于选择某种纳什均衡。

5.2.2.2 医药供应链网络演化

（1）假设条件

首先，假设医药生产企业和医药销售企业随机配对进行两人捕鹿博弈，我们可以假设，如果医药生产企业进入医药销售企业的层级时，医药生产企业将对医药销售企业资源有一定的购买权和购买意愿，但是医药生产企业需要考虑相应的风险。如果医药生产企业不是特别的强势，对医药零售企业不会造成挤占市场份额的风险，那么医药生产企业会和医药零售企业采取相应的长期合作形式。

但是，分层医药网络系统中的每个种群都有很强的获得更多利益的动机，如果所有企业在一次策略选择中，选择完全的合作可以最小化网络结构中的总风险，那么所有的企业就会趋向于采用同一种策略。

假设 1：ESS 和复制动态都是用来研究演化的稳定性的概念，演化稳定状态可能只有一个策略（行为方式），也可能包含多个具有同样适应性的行为方式；前者被称为单元均衡，而后者被称为多元均衡。按照一定比例或频率的动态微分方程可以对其进行描述，动态微分方程表示为

$$\frac{dx(t)}{dt} = x(u_s - \bar{u}) \tag{5-1}$$

该方程也被称为"复制动态方程"。u_s 为该有限理性博弈方采用某种特定行为方式期望得益；x 为有限理性博弈方在一定种群中采用某种特定行为方式的比例；$\bar{u}$ 为该有限理性博弈平均得益；$dx(t)/dt$ 为该博弈方采用某种特定行为方式比例随时间的变化率。

假设2：医药生产企业与医药销售企业中共有两种特定行为选择，即购买股权策略和债权策略。购买股权策略是倾向分层医药网络系统协同的，生产企业与销售企业长期合作，可以互相参股。债权策略是医药零售企业作为医药生产集团中的短期合作或竞争伙伴。假设医药生产企业采取购买股权策略的概率为 p，选择债权策略的概率为 $(1-p)$；同理，医药零售企业采取股权策略的概率为 q，选择债权策略的概率为 $(1-q)$。

假设3：若医药生产企业和医药批发、零售企业均选择债权策略，则双方在供应链网络中的一般收益分别为 E_1 和 E_2；若选择股权策略，则双方可获得额外收益系数为 ΔV_1，ΔV_2，且超额利润的总和为 ΔV。

假设4：选择股权策略，医药生产企业和医药批发、零售企业所投入的初始成本分别用 C_1 与 C_2 表示。动态演化博弈支付矩阵如表5.1所示。

表5.1　医药企业分层网络结构演化博弈的支付矩阵

		医药批发或者零售企业	
		协作	竞争
医药生产企业	股权模式	$E_1 + \Delta V_1$，$E_2 + \Delta V_2$	$E_1 - C_1$，E_2
	债权模式	E_1，$E_2 - C_2$	E_1，E_2

（2）模型的均衡策略求解

根据支付矩阵和演化模型

$$\pi_1 = q(E_1 + \Delta v_1) + (1-q)(E_1 - c_1) \tag{5-2}$$

可以得出医药生产企业采取债权策略的期望得益为

$$\pi_2 = qE_1 + (1-q)E_1 \tag{5-3}$$

医药生产企业的平均得益为

$$\pi = p\pi_1 + (1-p)\pi_2 \tag{5-4}$$

按照 Friedman（1991）提出的方法，根据式（5-1），经过简单运算后得到医药生产企业和医药批发、零售企业采用债权策略的复制动态微分方程分别为式（5-5）和式（5-6）：

$$dp(t)/dt = p(1-p)\left[(\Delta v_1 + c_1)q - c_1\right] \tag{5-5}$$

$$dq(t)/dt = q(1-q)\left[(\Delta v_2 + c_2)p - c_2\right] \tag{5-6}$$

由式（5-5）、式（5-6）构成的微分方程可以用来描绘医药产品差异化网络中医药生产企业和医药批发、零售企业的协作竞争的网络系统演化过程，得到系统的平衡点为 (p, q)，$(0,0)$，$(0,1)$，$(1,0)$，$(1,1)$ 和 $\left(\dfrac{c_2}{\Delta v_2 + c_2}, \dfrac{c_1}{\Delta v_1 + c_1}\right)$。

（3）演化分析

对复制动态方程式（5-5）、式（5-6）依次求导可得到雅克比矩阵：

$$J = \begin{bmatrix} \left[(\Delta v_1 + c_1)q - c_1\right](1-2p) & p(1-p)(\Delta v_1 + c_1) \\ q(1-q)(\Delta v_2 + c_2) & \left[(\Delta v_2 + c_2)p - c_2\right](1-2q) \end{bmatrix}$$

$$\tag{5-7}$$

根据矩阵局部分析法，对 5 个均衡点进行稳定性分析，根据局部稳定分析法可以判断这 5 个平衡点的局部稳定性，结果如表 5.2 所示。

表 5.2　平衡点局部稳定性分析

平衡点	J 的行列式及符号	J 的迹及符号	局部稳定性
$(0, 0)$	$(-c_2)(-c_1)(+)$	$(-c_2 - c_1)(-)$	ess
$(0, 1)$	$(v_1)c_2(+)$	$v_1 + c_2(+)$	不稳定
$(1, 0)$	$c_1(v_2)(+)$	$v_2 + c_1(+)$	不稳定
$(1, 1)$	$(-v_1)(-v_2)(+)$	$(-v_1 - v_2)(-)$	ess
$\left(\dfrac{c_2}{\Delta v_2 + c_2}, \dfrac{c_1}{\Delta v_1 + c_1}\right)$	$-v_2 c_2 v_1 c_1 / (v_2 + c_2)(v_1 + c_1)$	0	不稳定

由表 5.2 可知，此博弈体系存在（0，0）和（1，1）两个稳定点，两个不稳定点和一个鞍点 $\left(\dfrac{c_2}{\Delta v_2 + c_2}, \dfrac{c_1}{\Delta v_1 + c_1}\right)$。

初始参数将决定博弈体系最终稳定于何点。当 $x < \dfrac{c_2}{\Delta v_2 + c_2}$ 且 $y < \dfrac{c_1}{\Delta v_1 + c_1}$ 时，此时网络模式下，鞍点将会向原点移动。医药生产企业与医药批发和零售企业交往时选择的是股权模式的协作方式。具体的演化过程如图 5.2 所示。

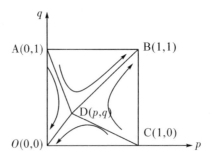

图 5.2　医药企业供应链网络结构复制动态相位图

$x > \dfrac{c_2}{\Delta v_2 + c_2}$ 且 $y > \dfrac{c_1}{\Delta v_1 + c_1}$，鞍点会向点 B（1，1）移动，最终在点 B 处稳定下来。在此情况下，医药生产企业与医药批发和零售企业交往时选择的是债权模式。

（4）参数讨论与数值模拟

从上述演化博弈模型来看：第一，长期均衡首先可以是系统发展长期合作、短期合作和长期竞争的结果。第二，在一定的信息控制机制内，系统将加入到哪个均衡点。因此，在博弈过程中，支付函数某些参数的初值及其变化将导致进化系统收敛到不同的均衡点。

①合作盈余与均衡盈余。相位图表明，如果合作产生的剩余较大，adcb 线以上的面积将增加系统收敛到平衡点 C 的可能性；越来越多的药品生产企业和药品批发商、零售商会选择合作策略。在实践中，双方合作的企业要注意资源的互补性、不同技术的协同效应，通过合作，落实产品和资金，最大限度地提高盈余利润，确保在医药供应链网络中建立稳定的战略伙伴关系。

②初始成本 C1、C2，由医药供应链网络中的生产企业支付合作费用。初始成本主要涉及双方在选择和评估合作伙伴的早期阶段发生的成本和其他机会成本。在良好的合作环境中，医药供应链网络的医药生产企业重视合作效益，合作意愿强，诚实守信，容易找到和评价合作伙伴。相位图显示，初始合作成本越小，adcb 在故障线上的范围越大，进化系统收敛到 C 点的概率越大，而医药供应链网络体系中的医药企业更倾向于选择合作策略。

③如果有一个发达的（自发演化）医药供应链网络，那么医药批发商和零售商就更愿意合作了。第一次合作成功后，双方的承诺决定了"合作中学习"的可能性，可以有效减少不同层次企业之间的过度竞争。为了使分销链中的公司利润最大化，整个分层的医药业务网络可以实现局部稳定。然而，随

着医药企业自身的发展，在医药企业层级博弈中，双方支付函数某些参数的初始值发生了变化，那么是什么促使制药企业在网络体系中找到满足自身利益的最佳水平呢？正如药品批发商随着不同生产要素的积累，逐渐具备药品生产的资格一样，与医药制造企业的长期合作初期将处于不稳定状态，这类医药批发商将不得不重新定位市场，寻找与供应链中其他节点企业的进化均衡策略。医药企业结构的优化体现在打破稳定、寻求层次化医药企业网络稳定平衡的动态过程中，这也是一种自发的发展。

5.2.2.3 大型医药企业研产销纵向一体化战略的路径选择

《关于在公立医疗机构药品采购中推行"两票制"的实施意见（试行）》做了具体规定，成立药品生产公司或科学综合集团公司的全资（或50%以上）贸易公司（在中国只有一家贸易公司）从事本企业的药品销售。在这种政策条件下，制药企业不能只成立自己的营销团队，专门为自己的产品服务。这样，制药公司的工作将不再局限于药品的研发和生产，还将获得优秀的代理商，并将其带到分公司或当地办事处，但也能单独处理药品的销售和分销，以实施研发、生产和销售的垂直一体化战略，减少销售环节，直接面对终端医疗设施，基本实现"一票制"。

（1）模型假定

当医药供应链网络中的企业具有较好的网络承诺时，供应链上的各种类型企业的相对报酬可以内化到博弈网络系统中，医药供应链网络可以被视为一个具有层级特权的组织。

通过医药供应链的网络演化可以看出，形成医药供应链网络中生产企业与批发、零售企业的合作，将有利于增加供应链价值，减少合作成本。在"医药+医疗"供应链平台的企业网络中，这样的合作、参股等方式已经不断深化。

假设1：额外收益系数对供应链网络中的策略选择的影响。对于搞批发或者零售的医药企业来说，首先考虑的肯定是自己能够从中获得多少收益，因此，私人收益是策略选择的重要影响因素。网络信息产生单位的私人利润和K单位的供应链利润，用R代表信息的价值。

假设2：层级医药企业网络通过投资股权的方式，以供应链网络内共同利益为目标，能够实现供应链网络资源要素的充分利用。

假设3：为了维持医药供应链网络的稳定，医药批发、零售企业拥有的股份不能小于某个最小值，大型医药生产企业才能有效参股医药批发、零售企业。

将表 5.1 中支付矩阵进行简单改进，医药生产企业效用为

$$E_1 + \Delta v_1 = R + \sigma E_2 + kR \qquad (5-8)$$

医药批发、零售企业的效用为

$$E_2 + \Delta v_2 = E + kR \qquad (5-9)$$

发达的医药供应链网络系统存在相互作用，一般会导致 $R > 1$。但我们一般假设初始状态，网络为松散状态还不能产生价值，先设 $R_0 = 1$。

假设 4：p 为医药供应链网络系统中医药生产企业采用协作策略的比例，那么 $(1 - p)$ 则为医药生产企业采用竞争策略的比例；q 为批发、零售类企业采用协作策略的比例，$(1 - q)$ 为批发、零售类企业采用竞争策略的比例。

医药供应链系统应具有良好的制度规制，具有较高的 K 值，增加供应链的价值，比如建立合理的医药供应链网络的市场准入制度，对药品生产企业有严格的制度约束，如果这类企业在供应链中依赖于自身的排他性，这就是 $k > 0$ 的制度安排有利于医药供应链的自发发展的原因。如果制度安排不充分，医药供应链只能通过集体合作实现网络化，即建立医药企业大集团模式，使医药企业网络成为一个完整的研产销一体化网络，这也是解决不合理制度安排的必然要求。

根据前面的分析，不妨对表 5.1 中的支付矩阵再进行修改：

$$(E_1 + \Delta v_1) = (E_2 + \Delta v_2) = 2 \qquad (5-10)$$

$$E_1 = E_2 = C_1 = C_2 = 1 \qquad (5-11)$$

改变表 5.1 的支付结构可以替换为表 5.3。

表 5.3　研产销一体化医药企业演化博弈的支付矩阵

		下层医药企业	
		协作	竞争
下层医药企业	协作	2, 2	0, 1
	竞争	1, 0	1, 1

（2）模型的均衡策略求解

医药生产企业采取协作策略效用和平均收益为

$$\pi_1 = 2q \qquad (5-12)$$

$$\pi = p\pi_1 + (1 - p)\pi_2 \qquad (5-13)$$

医药批发、零售企业采取竞争策略的效用为

$$\pi_2 = q(1 - q) \qquad (5-14)$$

根据式（5-1），经过简单运算后得到医药生产企业和批发、零售企业采用竞争策略的复制动态微分方程

$$dp(t)/dt - p(1-p) \qquad (5-15)$$

$$dq(t)/dt = q(1-q) \qquad (5-16)$$

按照 Friedman（1991）提出的方法，一个由微分方程系统描述的群体动态，其均衡点的稳定性，可以由这个系统相应的雅克比矩阵的局部稳定分析获得，因此对复制动态方程式（5-15）、式（5-16）依次求导可得到雅克比矩阵：

$$J = \begin{bmatrix} (1-2p) & p(1-p) \\ q(1-q) & (1-2q) \end{bmatrix} \qquad (5-17)$$

根据矩阵局部分析法，对均衡点进行稳定性分析，根据局部稳定分析法可以判断这 4 个平衡点的局部稳定性。如表 5.4 所示，此博弈体系存在 4 个平衡点，分别为（0，0）、（0，1）、（1，0）、（1，1）。其中（0，0）表示网络松散不合作行为，（1，1）表示网络集体协作行为。

表 5.4　系统平衡点局部稳定性分析

平衡点	J 的行列式及符号	J 的迹及符号	局部稳定性
（0，0）	-1（+）	-2（-）	不稳定
（0，1）	-1（-）	0	鞍点
（1，0）	-1（-）	0	鞍点
（1，1）	-1（+）	-2（-）	ESS

如图 5.3 所示，长期均衡首先可以是系统发展长期合作协作模式，是主导战略，此时的医药供应链网络系统已经是一个典型的大型医药企业的研产销一体化集团。

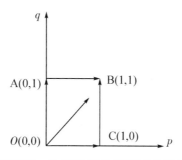

图 5.3　研产销一体化模式下医药供应链演进相位图

博弈的支付矩阵和系统初始状态是医药供应链网络系统协作或者竞争的重要影响因素。通过研究不同支付矩阵和系统初始状态取值，结果表明：当实施"两票制"改革时，医药供应链网络系统会导致一个集体行动，最后形成一个完全的特权组织。这是大型研产销一体化企业集团的内在形成机制。

5.3 "医药+医疗"供应链管理绩效评价体系构成

5.3.1 "医药+医疗"供应链全生命周期管理

依据"医药+医疗"供应链演化博弈机制，对"医药+医疗"供应链上的企业进行现状与市场竞争环境分析，衡量其自身在供应链网络中的位置并进行战略选择，形成最终策略。

（1）对"医药+医疗"供应链上的其他企业进行研究，建立"医药+医疗"供应链协同创新模型。

（2）仿真运行协同创新的供应链模型；根据模拟仿真结果分析和评价供应链模型的协同创新的价值增值可行性。如果价值增值不可行，则应重新修改供应链建模。

（3）从价值增值角度分析供应链战略目标，并对运行中的"医药+医疗"供应链进行管理绩效评价，根据管理评价结果进行优化；根据实际情况，可调整管理手段（参数）控制供应链运行状态，也可通过供应链平台管理业务流程再造，并对优化后的供应链运行状况进行绩效评价，形成循环。具体如图 5.4 所示。

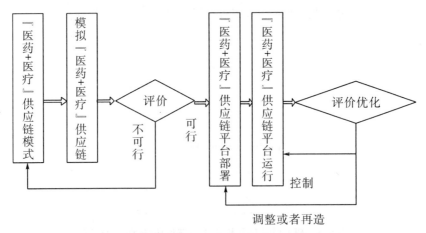

图 5.4 "医药+医疗"供应链全生命周期管理流程

5.3.2 "医药+医疗"供应链管理绩效评价准则

"医药+医疗"供应链是一种系统论视角下的产业管理运营体系。原有的医药供应链体系存在企业规模不经济、市场集中度低、过度竞争、资源分散、创新协作能力低下等问题。大数据、物联网与人工智能的发展解决了供应链上节点企业信息和业务孤岛现象,"医药+医疗"供应链平台的构建也提供了业务流程环节之间协调合作的可能,以实现各种业务流的高效整合。同时,药品也是很特殊的商品,"医药+医疗"供应链平台提供了手段,使得平台上的利益相关者能对以患者为中心的商业需求做出快速反应。设计"医药+医疗"供应链管理绩效评价体系时还应该考虑到以下准则:

(1)符合行业规范和要求;

(2)将"医药+医疗"供应链整体战略目标作为重要目标;

(3)"医药+医疗"供应链管理业务流程评价,能对患者为中心的需求做出快速反应。

(4)依据演化博弈分析的"医药+医疗"供应链具有动态性,供应链管理也同样具有动态性;

(5)深度挖掘驱动"医药+医疗"供应链管理绩效的因素。

5.3.3 "医药+医疗"供应链绩效管理体系组成

"医药+医疗"供应链绩效管理体系要解决的是通过绩效评价来了解"医药+医疗"供应链模型的运行状态如何、该如何对其进行管理业务流程改进等问题。本研究针对这些问题结合"医药+医疗"供应链整体目标(价值增值)分析后,归纳出"医药+医疗"供应链绩效评价的四方面内容。

5.3.3.1 评价对象

绩效评价的对象是最基本的问题。一般来讲,为了准确把握整条医药供应链的运作效率和效果,在本研究中,"医药+医疗"供应链绩效评价的对象主要是指在政策激励下,为医药供应链投入一定人力、物力、财力并承担了一定风险的主体。医药供应链主要包括三个重要参与方:医药供应商、医疗机构、终端用户(患者)。"医药+医疗"供应链上也包括了医药供应商购买药品原材料、医疗机构和医药生产商采购相关设备、医药生产商通过批发或零售方式给终端用户(患者)提供合适的药品、患者到医院就诊、医生为患者诊断病情等众多组织行为环节。同时，还涉及对医药供应链提供政策、金融、物流等服务的外部利益相关者。

5.3.3.2　供应链绩效评价模型

"医药+医疗"供应链绩效评价模型的选择是依据供应链的整体战略目标有条件地进行选择的。绩效评价模型很多，但是模型关注点、所站角度均不相同，本书同时考虑到供应链利益相关者的利益和供应链的整体价值增值并依据这一战略目标形成相应的评价指标。本书将在第6章中详细分析供应链绩效评价模型的选择与应用。

5.3.3.3　供应链绩效评价指标

本研究对"医药+医疗"供应链绩效管理模式构建的思考角度，是试图转变医药企业以产品为中心的直接销售模式到以患者需求为中心驱动的供应链平台信息共享模式。平台绩效管理重点应关注对顾客服务的评价、必须关注基于利益相关者的利益和整体价值最大化。因此"医药+医疗"供应链绩效管理评价指标必须能通过一些关键指标来反映上述需求，它也是绩效评价的基础。

5.3.3.4　绩效改进方法

绩效改进方法是供应链绩效评价的目的，主要是将各具体指标的评价值与最终评价标准比较并得出结论。绩效评价的最终目的，是对"医药+医疗"供应链进行全生命周期管理，科学的评价会对后期的改进起到决定性的作用，复杂系统改进方法可以考虑采用能力成熟度提升机制。具体的成熟度提升机制将在第6章中详细论述。

5.4　本章小结

研究"医药+医疗"供应链模型，就必须研究其绩效并对"医药+医疗"供应链绩效评价的研究范畴进行界定并建立整体框架。本章对"医药+医疗"供应链绩效管理的定义进行了界定。然后，针对"医药+医疗"供应链网络绩效机理进行分析。供应链管理的实质就是合作。但是传统管理手段提供的优化方案可能使局部成本最小，却无力处理企业供应链中的复杂关系，控制整体运作的综合成本。我们通过构建医药供应链中的上下游核心企业结构，并对影响供应链中的复杂关系的因素进行了深入分析，模拟了医药供应链网络系统协同竞争演化。研究表明，当实施"两票制"改革时，医药供应链网络系统会形成一个完全的特权组织。这是大型研产销一体化企业集团的内在形成机制。最后，依据"医药+医疗"供应链演化博弈机制，对"医药+医疗"供应链上的企业进行现状与市场竞争环境分析，分析了"医药+医疗"供应链的全生命周期管理、绩效评价原则和体系组成。为进行"医药+医疗"供应链绩效评价提供了假设前提和理论基础。

6 "医药+医疗" 供应链管理绩效提升机制

　　医药行业的发展与社会民生密切相关。新冠肺炎疫情暴发后，医药行业特别是医药制造业的重要性显得格外突出。在疫情时期，医药行业成为关系到国家安全的重要行业。即使受疫情影响，2020 年我国医药工业还是取得了令人瞩目的好成绩。2020 年上半年，医药工业实现营业收入 1.2 万亿元，同比增长 0.22%，其中实现利润总额 1 850 亿元，同比增长 9.06%。我国医药行业的发展，主要有三方面的原因：一是人们的保健意识不断增强。随着经济的发展，人们的收入提高，人们的保健意识增强，家庭的医疗保健费用不断上升，促进了医疗行业发展。二是人口老龄化进程加速。根据有关预测，到 2051 年，我国老龄人口将达到 2.66 亿人，占人口 16.5% 的比例。老龄化社会对医疗保健的需求巨大，推动着医疗行业持续发展。三是国家对医药行业大力支持。近年来，国家出台了一系列政策，为医药行业的发展提供了良好的外部环境，推动了医药行业的发展。这些政策主要有 2009 年的"新医改"、2013 年的"促进健康服务业发展的若干意见"以及 2016 年公立医院采购的"两票制"。目前，我国医药行业的问题主要是大量的企业规模过小，且不断重复建设；大多数企业的产品雷同，由于竞争激烈而导致利润下降等。近年来，国际医药巨头开始在中国布局，或设立研发基地，或建立生产基地，或寻求战略合作。因此，国内医药生产企业将面临更激烈的竞争。随着"两票制"等一系列改革举措的推进，国内医药行业将面临重新洗牌。因此，在医药行业改革的背景下，如何提升"医药+医疗"供应链的运行效率，是供应链平台管理和医药生产企业亟待解决的问题，也关系着整个行业的可持续发展。

　　从第 5 章"医药+医疗"供应链管理绩效评价的概念到体系构成及其全生命周期管理的设计可以看出，"医药+医疗"供应链绩效管理评价的核心是建立与此对应的绩效评价理论模型和相应的指标。本章将从历史逻辑的角度梳理与绩效相关的模型，并对它们进行对比分析，指出目前绩效评价的趋势，剖析运用管理成熟度模型分析"医药+医疗"供应链管理绩效评价的可能性和必要性，据此建立"医药+医疗"供应链管理成熟度的系统设计，并提出管理成熟度提升机制。

6.1 绩效评价模型选择

6.1.1 对现有绩效评价模型的比较分析

"医药+医疗"供应链管理绩效问题是一个多目标、多指标、多层次、多因素构成的复杂系统工程，绩效评价模型需要考虑从哪些方面评价其管理绩效，从而指导建立其评价的指标体系。目前，常用的绩效评价模型中比较典型的有 BSC（绩效考核方式）模型、SCOR（供应链运作参考）模型等，从关注财务评价到关注供应链上各利益相关者的治理模型等。依据历史逻辑进行梳理，从评价模式的内外部环境、关注重点和模式特点分别进行比较，归纳如表6.1 所示。

表 6.1　绩效评价模式比较

比较项目	财务控制评价模式	经济基础评价模式	战略绩效评价模式	利益相关者评价模式
产生时代	19 世纪初	20 世纪 80 年代	20 世纪 90 年代	21 世纪初
外部环境	竞争不激烈卖方市场	市场竞争激烈	3C 强制认证状态	社会责任、治理环境问题显现
内部环境	职能式或事业部结构	比较复杂	人力资本、无形资产更加重要	利益相关者治理
关注重点	成本控制与利润最大化	项目价值最大化	项目目标和非财务指标	利益相关者利益及整体价值最大
模式特点	财务评价指标	铁三角模型、EVA(经济附加值)等指标	非财务指标、BSC（绩效考核方式）等指标	关注治理、流程和能力 KPI（关键绩效指标）等指标

从"医药+医疗"供应链管理绩效评价目标来看，"医药+医疗"供应链管理是对供应链平台的利益相关者的治理。评价必须基于利益相关者的利益和整体价值最大化。EVA 模型仅从财务角度强调经济增加值，不能用来评估供应

链整体绩效。BSC 模型尽管提供了较为全面的多维度指标，如人力资本、无形资产等非财务指标，比较 EVA 的模型强调从战略高度进行绩效评价，但是因为未从利益相关者的角度考虑指标体系，缺乏整体评价的作用。SCOR 模型在供应链绩效评价中的应用开始强调了基于业务流程的评价，提供了业务流程的分解方法，也为绩效评价的信息系统标准化做出了有益的尝试。但是，"医药+医疗"供应链管理模式构建的角度，是通过转变医药企业以产品为中心的直接销售模式到以患者需求为中心驱动的供应链平台信息共享模式。平台管理的重点应关注对顾客服务的评价，这一方面 SCOR 模型非常欠缺。也不能从"医药+医疗"供应链管理模式的全生命周期管理角度提供可持续发展能力的评价。

从以上的分析比较可见，"医药+医疗"供应链管理绩效评价亟须从利益相关者角度，考虑到利益相关者利益、供应链管理价值增值、关注流程和全生命周期管理角度提供可持续发展的绩效评价模型。

6.1.2　能力成熟度模型

从质量管理原理出发产生的 CMM（能力成熟度模型）思想，最早是从质量管理成熟度网络转变为能力成熟度框架，再经由 IBM 公司改进，以满足软件研发过程的需要。这一能力成熟度框架经由 SEI（软件工程研究所）增加了成熟度等级的概念。这些原理被广泛应用于软件开发并发展成为软件过程能力成熟度框架。

尽管 CMM 思想来自质量管理理论，并被运用于软件工程领域，但 CMM 模型所体现的思想实际上就是"持续改进"。这与我们设计"医药+医疗"供应链管理创新模式的初衷是一致的，通过"医药+医疗"供应链管理平台的信息共享，实现平台企业对以患者为中心的需求信息进行快速反应。因此，如果我们试图借鉴 CMM 理论，CMM 模型不一定非要看成只能被应用于软件工程领域，那么我们就可以把 CMM 模型的思想运用到需要"持续改进"的所有面向对象、面向过程的绩效评价中去。

"医药+医疗"供应链管理问题就像多企业合作项目一样，但这些企业的管理角色却随着以患者为中心的不同需求而不同，依据以患者为中心的需求进行平台管理是一种独特的合作关系。建立"医药+医疗"供应链管理治理成熟度的主要目的在于根据不同的成熟度等级来确立"医药+医疗"供应链管理的风险控制方式。同时，建立不同的履约保障机制，也是为了实现"医药+医疗"供应链管理整体目标的价值增值而不在于供应链上企业自身的价值增值。

为此，本研究提出了相应的"医药+医疗"供应链管理成熟度等级，认为"医药+医疗"供应链管理成熟度可以用供应链流程管理中各利益相关者对彼此的管理角色承担风险的控制程度来表示。

第一等级（初始级）是仅从个体出发的战略决策。参与平台协作的各企业仅仅依据平台提供的信息，随时按照自身的企业战略，做出相应的决策。在这个阶段，企业参与平台的协作程度比较松散，企业零散的战略决策成为"医药+医疗"供应链平台创新协作决策的主要驱动力。

第二等级（执行级）可称为"规范程序"。在此阶段，参与平台协作的各企业对是否接受供应链平台的需求信息、如何确定参与供应的方式和角色等有了明确的管理流程，流程中也设置了若干协调控制界面。但是，由于协调程度还不高，部门业务流程常常离散甚至有冲突。第二阶段其实也就需要解决供应链平台企业流程的协作控制界面问题，进而判断自身在供应链中所处的位置、如何选择利益相关者。

第三等级是控制级，也称为"组织保证"，是指参与平台协作的各企业依据平台提供的信息，已经从平台协调管理的角度获得了一个规范的协调机制处理流程中的企业与企业之间控制界面的问题。这些企业受以患者为中心的需求的驱动，构成了一个基于患者需求信息的临时联盟，在患者需求的不同阶段、不同服务需求的管理主体和方式有了清晰的定义，流程得以系统化并得到控制。

第四等级是优化级，也称为"协同创新固化"。这里的"协同创新"是指参与平台协作的各企业在供应链平台上获得了整体目标和流程的优化最大。其中的企业与企业之间控制界面矛盾处理得到协调。更进一步的是，平台供应链管理对患者需求的响应、业务流程和相互的界面管理等得到"协同创新固化"，业务流程变更和协同价值增值激励有了规定的程序，"医药+医疗"供应链管理得到整合。管理成熟度的最高等级为"协同文化沉淀"，"医药+医疗"供应链管理方式成为各参与平台协同的各个企业的习惯或共同需求，不再只关注各个企业自身财务盈利水平的增长。更多的是有了强烈的供应链平台协同创新能力，有了持续改进的能力，从以企业盈利为核心的供应链模式转变为以患者需求为中心的协同企业快速响应模式。

通过上述对"医药+医疗"供应链特点的分析和其以患者为中心的临时需求管理问题的阐述，要想提高"医药+医疗"供应链的价值增值，提高"医药+医疗"供应链管理绩效水平，有必要进行"医药+医疗"供应链管理成熟度的研究。

6.2　管理成熟度研究基础及系统论

对"医药+医疗"供应链管理绩效进行系统设计与分析，首先需要界定系统属性，其系统属性必然依赖于其构成要素之间及其与外部环境之间的相互作用。"医药+医疗"供应链管理成熟度系统构成要素都有整体目标、协同创新方式，这些构成要素都围绕着整体目标而产生联系，不可能像没有建模以前的单纯依靠单个企业进行战略决策。遵循系统论的原理，对"医药+医疗"供应链管理成熟度进行深入分析，分析系统的特征和机制。并且通过系统机制来了解"医药+医疗"供应链管理成熟度水平，进一步分解"医药+医疗"供应链管理的关键流程，并通过关键流程的设计来提升"医药+医疗"供应链管理平台对"医药+医疗"供应链利益相关者管理的成熟度。

6.2.1　利益相关者理论

在第3章，我们已经进行了医药供应链利益相关者的分析，它也是"医药+医疗"供应链平台管理的主要对象，并定义为："医药+医疗"供应链的利益相关者是指在政策激励下，为医药供应链投入一定人力、物力、财力并承担了一定风险的主体。医药供应链主要包括三个重要参与方：医药供应商、医疗机构、终端用户（患者）。供应链上也包括了医药供应商购买药品原材料、医疗机构和医药生产商采购相关设备、医药生产商通过批发或零售方式给终端用户（患者）提供合适的药品、患者到医院就诊、医生为患者诊断病情等众多组织行为环节。本研究确定的利益相关者涉及三个重要参与方组织行为环节的为医药供应链的内部利益相关者，而涉及对医药供应链提供政策、金融、物流等服务的为其外部利益相关者。

6.2.2　"医药+医疗"供应链管理成熟度

"医药+医疗"供应链管理成熟度则是指"医药+医疗"供应链平台利益相关者在以患者需求驱动的信息共享环境下，医疗机构和医药企业对患者需求的响应速度的实现程度。由于"医药+医疗"供应链管理成熟度是通过"医药+医疗"供应链平台系统实现的，因此，研究"医药+医疗"供应链管理成熟度必须坚持系统论的基本原理，深入分析平台合适面向患者的进行医疗和医药社会资源的整合的系统特征、要素及其运行结构。

就目前而言，只有杨昌博士将能力成熟度模型与供应链管理进行结合，并对 CMM 模型及其配置模型对医药供应链的每个过程域进行详细分析，研究绩效评价指标的获取过程，建立医药供应链绩效评价指标体系。

但是，其研究更加侧重从业务流程（面向过程）的供应链目标实现。与我们构建的"医药+医疗"供应链管理研究将重点集中在项目利益相关者利润获得和供应链整体价值增值的目标有一定区别。因此，在杨昌博士的医药供应链管理成熟度的基础上，我们引入系统观的角度来分析问题，更加侧重平台利益相关者进入和退出系统的自主需求迭代过程。这个过程围绕患者需求、平台利益相关者积极响应需求的确定、管理角色关系协同和管理风险分析等。

我们必须以"医药+医疗"供应链平台的业务流程为基础，建立上述利益相关者进入、退出系统的迭代过程中的关键流程，以及依据管理风险等级来提升管理成熟度等级。事实上，这一项目迭代过程研究是从面向患者的进行医疗和医药社会资源整合的"医药+医疗"供应链平台管理角色"需求输入→服务响应"来研究"医药+医疗"供应链管理能力的。为提升其管理能力，对"医药+医疗"供应链利益相关者的协同服务过程中所涉及的风险因素进行分析。

6.2.3 基于系统论的管理成熟度研究理论

在研究知识团队成熟度时，张体勤教授提出了基于系统论的成熟度模型。他指出，所有系统，是其完整性和形式依赖于其构成部分相互间的影响的任何事物。系统的所有元素都有一个共同的目标、共同的行为方式，它们围绕着共同的目标而相互关联，不能被分割成完全独立的部分。

分析一个系统应遵循以下几点原则：

（1）每一利益相关者的行为均对"医药+医疗"供应链的整体目标行为起作用；

（2）每一利益相关者的行为及其对"医药+医疗"供应链的整体目标行为相互作用，无法脱离系统整体单独起作用；

（3）每一利益相关者的行为分解后的部分仍然对"医药+医疗"供应链的整体目标行为有着相互作用力，由此，可以得出"医药+医疗"供应链系统的内涵。

因此，我们在考虑"医药+医疗"供应链管理成熟度系统属性时，如果仅通过系统的某一利益相关者的属性是无法充分解释的，必须考虑这些要素之间的关联性以及它们与系统环境之间的关联关系。这是因为尽管环境不由系统控制，但环境的变化是导致系统发生偏差的重要原因。

"医药+医疗"供应链管理成熟度更多地取决于它的系统构成要素之间的相互作用而不是它们的独立行动。系统构成要素之间协同创新关系对系统能力成熟度的提升至关重要，但是这种协同创新关系有时必然会牺牲某一利益相关者的利益。利益相关者的高效率与"医药+医疗"供应链整体效率很难同时达到最高水平。某一利益相关者的效能提高也许会导致"医药+医疗"供应链整体效率的降低。

总之，"医药+医疗"供应链管理成熟度的利益相关者之间的耦合程度综合反映了供应链管理成熟度水平，因此研究"医药+医疗"供应链管理成熟度必须考虑这些利益相关者构成要素之间的耦合关系。

6.3 管理成熟度系统分析

本节将综合运用张体勤教授提出的系统论观点，并将其深入运用于分析"医药+医疗"供应链管理系统构成、特征、系统运行结构及其协同程度。坚持系统论的原理，从系统运行的全过程入手分析。

6.3.1 系统的结构

在以患者为中心的"医药+医疗"供应链平台接收到患者需求信息时，信息即刻以共享的方式在平台公布。同时，"医药+医疗"供应链平台利益相关者接收信息进入对患者需求服务响应过程，根据患者需求信息以及患者即时环境的状态，通过对患者求诊过程输入需求资源、信息、技术等进行组织、整合和协调，并阶段性地提出满足患者需求的服务响应目标，然后再通过患者需求的服务响应目标的数量、质量以及进度情况的评价来反馈、修正运行过程，以达到不断提升"医药+医疗"供应链平台利益相关者管理并在患者就诊结束时交付满足患者需求的问诊质量、数量、成本和时效性要求的服务响应目标。项目利益相关者成熟度系统通过运行过程形成"医药+医疗"供应链管理能力，并在反馈、修正过程中不断提升或改善"医药+医疗"供应链管理成熟度，以最终实现最大限度满足患者需求的目标。系统运行结构如图 6.1 所示。

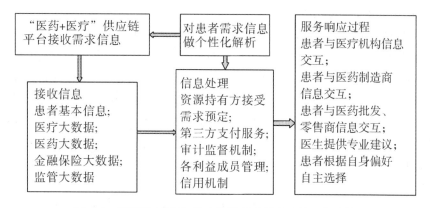

图6.1 "医药+医疗"供应链管理成熟度系统运行结构

6.3.1.1 接收信息

接收可靠信息是"医药+医疗"供应链管理形成有效链上企业协同创新的关键，也是供应链上企业响应患者需求做出有效决策的前提，契约利益相关者必须为有效地响应患者需求、达到供应链整体目标提供准确而可靠的信息。目前平台接收的信息主要分为患者信息、金融保险大数据、医药大数据、信用监管大数据。

（1）患者信息，主要来自患者的个人信息数据，主要包括姓名、性别、身份证号等用户识别信息、手机号、评价数据等。评价数据主要是患者对医疗服务机构或医药品的评价反馈。以及通过"医药+医疗"平台记录下的就诊信息，主要包括就诊历史、使用药物过敏史、医疗机构电子处方、医保结算信息、药品消费信息等。

（2）金融保险大数据，主要为"医药+医疗"供应链平台提供中间信息，主要有保险费用管理与支付、物流服务商信息、有药品运输资质的快递公司、互联网零售电商、第三方药品追溯平台、医药从业人员服务机构等。

（3）医药大数据，则是指药品生产商负责收集和提供药品的固有属性数据，包括二维码。

（4）信用监管大数据。任何"医药+医疗"供应链平台的数据共享都是为了给平台上的所有节点用户提供更好的服务，数据共享可以增加供应方收益。首先，将其他关联账号与平台账号关联，患者大数据信息可以为供应方提供更有效的信息匹配，并通过多次交易的信任机制和选择决定更科学的生产决策；同时，平台信息也会根据平台利益相关者往期行为做出监控，并形成信用监管大数据。

6.3.1.2 信息处理

"医药+医疗"供应链平台是以患者为中心的点对点的功能平台，由供应链网络的参与者按照基于利益关系搭建的系统，支持智能合约发布和达成等相关事务功能。各利益相关者均通过"医药+医疗"供应链平台发布相关需求，资源持有方则可以通过平台接受需求预定。相关第三方是指提供第三方支付的服务商，也是整个诊疗过程的参与者，为缺少相关能力的数据需求方提供软硬件支持。审计监管方则对流通过程进行监督。信息的规范化、各利益相关者管理则由平台市场运营方负责，提高"医药+医疗"供应链的稳定性和诊疗服务质量。

一般来说，患者需求复杂程度越高，"医药+医疗"供应链管理难度就会越大。在患者需求不确定的情况下，"医药+医疗"供应链管理必须进行有效的沟通，这将有助于提高利益相关者响应服务需求的速度和准确度。

环境要素是指"医药+医疗"供应链管理的外部环境。构建"医药+医疗"供应链的创新模式以前，医药供应链的多重委托—代理链决定了利益相关者在药品销售过程中存在信息不对称。因此，"医药+医疗"供应链管理的外部环境主要包括"医药+医疗"供应链管理监督机制、医药行业信用机制。这是"医药+医疗"供应链利益相关者所不能控制的外部要素，它会通过"医药+医疗"供应链平台的信息披露机制影响平台信息接收过程，还同时影响到"医药+医疗"供应链全寿命周期管理过程，最终对"医药+医疗"供应链服务响应过程产生影响。

"医药+医疗"供应链响应服务需求应达到两个方面的目标：

（1）共同目标的建立。用经济学的语言表述，就是"医药+医疗"供应链响应服务需求在利益需求不同的利益相关者中建立共同目标，即在异质有限理性的合作人之中实现共享心智的问题。为此，"医药+医疗"供应链平台需要对平台上的利益相关者的资源进行整合协调。大数据、物联网和人工智能的发展为这一整合协调过程提供了手段与技术，并保障其产出相应的绩效结果。根据患者需求的改变情况以及供应链外在环境的变化进行供应链资源动态配置。现今，我们正是通过构建"医药+医疗"供应链平台，构建信息发布的共享平台，降低信息传递的不对称程度，希望从根本上解决医药行业多重委托—代理链的状态，也有利于在"医药+医疗"供应链利益相关者之间建立共享心智模型，完成"医药+医疗"供应链响应服务需求共同目标的建立。

（2）"医药+医疗"供应链管理能力的提高。建立以患者为中心的服务响应协作能力基础。在平台管理初期，以患者为中心的服务响应利益相关者的能力水平主要通过平台最初的注册审核、经营范围等来识别。在平台协调运行过程中，利益相关者能力需要通过一定的流程和手段整合成服务响应协作管理能力。"医药+医疗"供应链管理能力是"医药+医疗"供应链管理成熟度系统的关键要素，并受到各利益相关者的能力水平、整合流程以及协调流程的影响。

6.3.1.3　服务响应过程

服务响应过程是指通过平台，患者可与医疗机构、医药生产商、批发商、零售商进行实时信息交互，进行网上预约就诊、购药需求发布。患者不用被动地从医生所提供的有提成的药品中进行选择，真正意义上实现医药分开，根据医生的专业建议，在众多药品信息中，选择个性偏好、以往评价良好的药品，购买满足自己需求的医药产品。从以产品为中心的服务模式转换为以患者为中心的服务模式需要终端用户（患者）参与到"医药+医疗"供应链系统中来，个性化的需求信息交互将会提高患者对医药产品的认可度。这也是医疗机构、医药产品获得消费者黏性的途径，医药分开阻断了医药企业留给医疗机构的寻租路径。通过消费者黏性，医疗机构、医药企业都能为患者提供后续的健康医疗等服务。这也是"医药+医疗"供应链系统能够提供满足利益相关者要求的服务交付物的过程。

6.3.2　系统的特征

"医药+医疗"供应链响应服务需求在利益需求不同的利益相关者中建立共同目标是"医药+医疗"供应链管理成熟度的第一个系统特征，通过共同目标的实现数及是否最大限度满足利益相关者需求等方面对"医药+医疗"供应链管理运行状态进行评价和分析，可以理清系统偏差，实现流程改进及资源的调度，从而使"医药+医疗"供应链管理流程系统向供应链整体目标方向运行。平台也可以通过共同目标协调各方面的利益相关者，达到各方利益的均衡。

"医药+医疗"供应链服务响应能力随着利益相关者供应链网络中的战略调整和与其他利益相关者的协同创新逐渐提升的特性是系统的第二个特征。在供应链网络的竞争与协同过程中，利益相关者会跟其他方（临时性契约组织）获得信任、承诺和凝聚力。这种信任和凝聚力通过绩效提升进而影响利益相关者个别绩效和供应链整体绩效。

"医药+医疗"供应链服务响应能力具有复杂性特点，供应链整体服务响应能力并不是利益相关者服务响应能力的简单相加，而是通过一定的机制或流程将其整合在一起，这是系统的第三个特征。

6.3.3 系统的构成要素

从上述对"医药+医疗"供应链系统结构及特征的分析，可以发现"医药+医疗"供应链管理成熟度状态主要在服务患者需求的响应速度和质量交付成果上得到体现。为此，借鉴 IT 项目团队成熟度的系统分析，我们将"医药+医疗"供应链的利益相关者看成以患者需求为载体的临时性协作主体。

因此，我们将"医药+医疗"供应链成熟度的形成过程分解为以下内容：

（1）"医药+医疗"供应链平台组织管理；

（2）"医药+医疗"供应链管理能力提升；

（3）"医药+医疗"供应链平台文化培育；

（4）"医药+医疗"供应链管理绩效提高。

据此，我们将"医药+医疗"供应链成熟度构成要素划分为"医药+医疗"供应链平台组织管理要素（利益相关者参与平台管理）、"医药+医疗"供应链管理要素（利益相关者协同创新）、"医药+医疗"供应链文化管理要素（"医药+医疗"供应链平台文化培育）和"医药+医疗"供应链绩效管理要素（利益相关者绩效管理），同时，还受外部环境的影响，如图 6.2 所示。

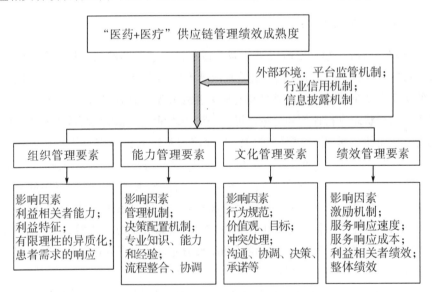

图 6.2 "医药+医疗"供应链管理成熟度系统构成

6.3.4 系统的协调

"医药+医疗"供应链管理成熟度是指迅速响应患者服务需求这一目标的实现程度。这一系统构成要素都有整体目标、协同创新方式，这些构成要素都是围绕着整体目标而产生联系的，不可能像没有建模以前那样单纯依靠单个企业进行战略决策。成熟度水平取决于"医药+医疗"供应链管理成熟度系统构成要素之间的协调程度。

6.4 管理成熟度系统设计

6.4.1 "医药+医疗"供应链管理关键流程

依据系统论，我们将"医药+医疗"供应链管理系统分为组织管理、能力管理、文化管理和绩效管理四大要素。这四大要素本身就是一个循环流程，属于"医药+医疗"供应链管理成熟度提升的流程域。这里，我们将设计流程域所包含的二级流程，即关键流程。

6.4.1.1 理论基础

人力资源能力成熟度模型与"医药+医疗"供应链管理成熟度系统都遵循一定的业务流程和逐步提升的过程管理、遵循系统论的思想、遵循成熟度等级提升的方法，再加上人力资源能力成熟度模型已经得到实践的验证，因此，在"医药+医疗"供应链利益相关者特征分析的基础上，我们借鉴人力资源能力成熟度模型作为流程设计的理论基础，并对人力资源能力成熟度模型的关键流程进行了裁剪，得到"医药+医疗"供应链管理关键流程：患者需求决策配置、利益相关者整体协调、组织管理能力、基于能力的资产、能力整合、能力提高、沟通与协调、信誉市场培育、绩效管理、量化绩效管理、绩效整合。

6.4.1.2 关键流程选择

依据"医药+医疗"供应链管理成熟度系统特点，我们将对人力资源能力成熟度模型关键流程按照组织管理要素、能力管理要素、文化管理要素和绩效管理要素的流程域进行删减、补充并分类。具体如表 6.2 所示。

表 6.2 关键流程概念界定

管理流程域	关键流程	流程概念界定
组织管理流程域	协同模式选择	协同模式选择体现了利益相关者定位自身角色域职责的基本流程,该流程也定义了利益相关者之间及其各个流程域的互动、互联及互补的关系
	需求授权	当患者提出需求的时候,供应链平台管理方依据患者需求授权给相应的利益相关者,并依据患者需求点对点的信息互换,尽可能消除信息不对称影响,这也是最能体现组织管理能力的一个环节
组织管理流程域	利益相关者整体协调	利益相关者整体协调是在患者需求发出后,在平台信息共享后所进行的响应服务的积极配合、协调、有序完成服务的过程
	平台组织管理能力	利益相关者的整体协调是量化和管理利益相关者的关键流程能力,主要从利益相关者专业知识、技能和与其他利益相关者能力整个水平等方面进行管理
能力管理流程域	能力资本	这一流程是以信息或者经验形式出现的,往往被标准化
	能力整合	执行患者需求信息时,利益相关者个体能力能够整合为协同创新的整体能力
	能力提高	由"共同目标"驱使,有效激发利益相关者的能力和协同创新,持续提高服务响应能力的过程
文化管理流程域	沟通与协调	这一流程能使利益相关者之间共享完成以患者为中心的服务响应,及时共享信息,利益相关者均能与患者点对点信息交互,让患者的需求能够得到及时解决,也为利益相关者信息共享构建一种文化氛围,减少信息不对称
	冲突管理	冲突管理能使利益相关者及时识别供应链平台上的冲突来源与性质,选择适当的方式处理冲突
	利益相关者承诺	对于响应患者需求层面的问题进行沟通决策,共同寻求利益相关者之间的依赖性,保证对患者的服务响应能迅速并高质量地完成
	培育信誉市场	培育信誉市场,利益相关者可以通过一次协同获得发展信誉的机会,这种信誉也能帮助他们持续获得市场机会
绩效管理流程域	绩效管理	为利益相关者建立绩效目标,并根据绩效目标建立信誉增值计划,当发生绩效问题时,可以通过开展对利益相关者的工作绩效的持续性信誉评价,明确提高绩效的路径
	量化管理	是对患者需求的服务响应实现贡献最大的关键流程,并为这些流程的绩效设定度量目标,利益相关者通过绩效预测与量化管理协同后的绩效
	绩效整合	利益相关者根据供应链整体目标改进利益相关者的绩效整合,使得利益相关者的绩效目标与供应链整体绩效目标达到统一

通过对关键流程的概念界定，我们可以发现"医药+医疗"供应链管理成熟度系统的关键流程域、关键流程与成熟度、外部环境的关系，如图 6.3 所示。

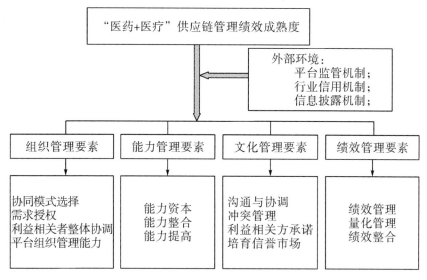

图 6.3 "医药+医疗"供应链管理成熟度系统关键流程

6.4.2 "医药+医疗"供应链管理成熟度系统综合模型

系统综合模型是理清"医药+医疗"供应链管理成熟度系统构成要素流程域及其影响因素与成熟度等级对应关系的手段，并且能通过对各关键流程对应的能力组合与绩效结果的对比实践判断"医药+医疗"供应链管理成熟度等级的级别。"医药+医疗"供应链管理成熟度综合模型如图 6.4 所示。

在图 6.4 中，"医药+医疗"供应链管理成熟度综合模型揭示了关键流程→管理能力组合→最终成熟度等级判别的路径。其中，对于"医药+医疗"供应链管理中已经形成一定认可和熟知的做法，我们将其定义为关键流程，这已经在前面一节中详细分析过。而管理能力则是由这些关键流程形成的最佳实践。"医药+医疗"供应链管理通过多个关键流程的实施可以实现某种程度的管理能力组合，最终不同的管理能力组合又对应了不同的成熟度等级。

通过实施多个关键流程得到不同管理能力的过程，我们将其定义为路径，其也包括关键流程之间和管理能力之间的相互关系。各种关键流程和管理能力之间应该存在一定的耦合性和相互依赖性。这种耦合关系能在共同目标的指导下实现更高层级的管理能力组合。

"医药+医疗"供应链评估指标则是测定每个管理能力组合的一个或多个关键指标。

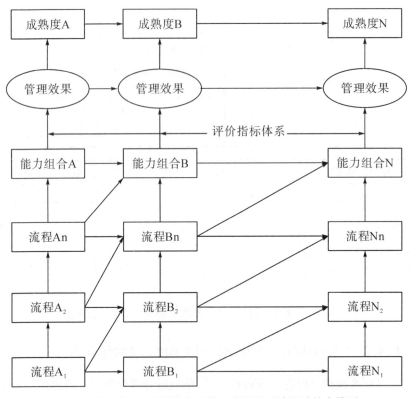

图 6.4 "医药+医疗"供应链管理成熟度系统设计综合模型

6.4.3 "医药+医疗"供应链管理成熟度系统的特点

"医药+医疗"供应链管理成熟度的组织管理、能力管理、文化管理及绩效管理流程域构成了一个动态开放的系统，通过综合模型（图 6.4）可以看出，其每个流程域会受到许多关键流程的影响，关键流程之间以及流程域之间存在复杂的相互影响的关系。以前医药供应链不是关注财务目标就是关注无形资产等某一因素的影响研究，孤立地、静态地看待影响因素，而没有考虑到影响因素之间的耦合关系，难以反映"医药+医疗"供应链管理水平。基于系统论的"医药+医疗"供应链管理研究不仅考虑了影响因素之间的耦合关系，又关注了管理能力组合的提升，有着不同于以往的管理成熟度分析特点。

6.4.3.1 成熟度等级提升

基于系统论的"医药+医疗"供应链管理影响因素之间的耦合关系构成了

成熟度等级，耦合程度越好，成熟度等级就越高。利益相关者通过实施关键流程来改善影响因素的耦合度，耦合程度的改善将会推动成熟度水平的提升。

6.4.3.2 关键流程整合

为了让利益相关者的需求以最有效的途径和最低成本获得，需要不断完善关键流程。在一定程度上关键流程保证了"医药+医疗"供应链管理的规范性，是供应链上所有资源的整合，保证"医药+医疗"供应链利益相关者的服务以及承诺。

每一个成熟度等级对应一定的关键流程，只有对关键流程进行整合，各利益相关者能自主地按照关键流程来完成各自的服务响应，就能保证整个供应链系统获得相应的成熟度水平。

6.5 管理成熟度提升机制

"医药+医疗"供应链管理成熟度提升机制是用以指导分级提升"医药+医疗"供应链管理成熟度水平的纲领，由成熟度等级、流程域目标、流程域、关键流程等因素构成。

6.5.1 提升机制的概念与结构

6.5.1.1 提升机制的概念

"医药+医疗"供应链管理成熟度提升机制主要借鉴了人力资源能力成熟度模型设计。成熟度提升机制为"医药+医疗"供应链管理成熟度水平的提升提供了一个系统架构。成熟度分级提升的系统架构的每一个发展阶段，以成熟度等级体系为指导，以流程推进为核心，将"医药+医疗"供应链管理成熟度的提升流程整合到一个系统之中。"医药+医疗"供应链管理成熟度在利益相关者组织管理、能力管理、文化管理以及绩效管理流程域所包含的关键流程使"医药+医疗"供应链管理发生阶段性质的变化，并为下一阶段的成熟度提升奠定基础。

6.5.1.2 共享心智

"医药+医疗"供应链利益相关者之间具有异质有限理性的特点，这使得它们无法进行有效沟通，因为缺乏共同目标、无法对患者需求进行预测。为了解决共同目标的问题，本书将心智模型的概念引入"医药+医疗"供应链利益相关者。

在这里，我们定义心智模型为："医药+医疗"供应链利益相关者共享的关于以患者为中心的供应链平台情境中关键要素，包括了患者需求、设备、医药生产和医疗机构等的知识形成的有组织的理解和心理表征。其实，这也是将"医药+医疗"供应链利益相关者以某一患者需求所构成的临时组织共享的知识结构。它可以解决这一临时组织在协同过程中对需求界面问题进行界定、对患者需求采取的服务响应和对未来的预期表现出协调一致性。

共享心智模型使交易成本在临时组织内部内化，进而降低协同工作中的"噪音"，可以提高临时组织的效率。

6.5.1.3 提升机制的系统结构

如前所述，"医药+医疗"供应链管理成熟度提升机制由管理成熟度等级、流程域目标、流程域、关键流程等系统因素构成，如图6.5所示。

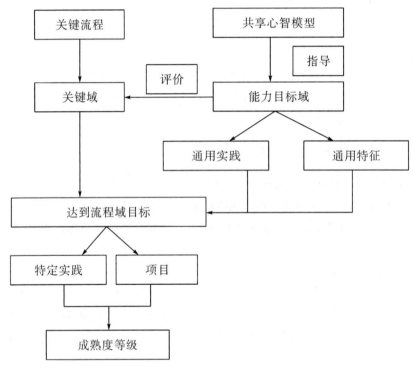

图 6.5 "医药+医疗"供应链管理成熟度提升机制

"医药+医疗"供应链利益相关者包括四大流程域，即前述的组织管理、能力管理、文化管理和绩效管理。它是每一个成熟度等级的所有关键流程的集合。通过运用各自的专业知识技能，通过关键流程的叠加、整合，达到流程域的目标，就表示"医药+医疗"供应链管理达到了该流程域所代表的成熟度等级。

我们将"医药+医疗"供应链管理成熟度等级分为初始级、执行级、控制级、优化级四个成熟度等级，这也是借鉴了人力资源管理成熟度等级的划分。这也构成了"医药+医疗"供应链管理成熟度水平的系统框架，以关键流程的叠加、整合为基础构成了提升平台，每一次的整合都对应一个成熟度等级。我们先给流程域设定需要达到的目标，当这些目标得到实现的时候，也就意味着"医药+医疗"供应链管理就可实现影响其管理成熟度水平的目标。这样，通过实施每一个成熟度的所有关键流程的叠加、整合，可以建立起提升成熟度机制。

6.5.2 系统成熟度等级及其对应的关键流程

根据"医药+医疗"供应链管理成熟度系统设计，在公共项目管理成熟度提升机制的四个成熟度等级中，这些关键流程被定义在不同的成熟度等级上。

除初始级之外，每一个成熟度等级都包括以下关键流程。其中，执行级即成熟度等级第二级，包括利益相关者整体协调、能力资产、沟通协调、绩效管理四个关键流程。控制级即成熟度等级第三级，包括能力培养、项目决策、量化绩效管理以及项目风险控制四个关键流程。优化级即成熟度等级第四级，包括能力整合、绩效整合、项目利益相关者承诺、冲突管理四个关键流程。具体见表6.3。

表 6.3 "医药+医疗"供应链管理成熟度等级对应关键流程

成熟度	流程域目标	关键流程
（4）优化级	形成良好的"医药+医疗"供应链管理文化，持续改进和创新流程	利益相关者整体协调、能力整合、绩效整合，并形成了该利益相关者的承诺
（3）控制级	利益相关者管理整合能力、量化管理关键流程的绩效	协作能力培养、需求授权、量化绩效管理、冲突管理
（2）执行级	执行可重复的规范流程、规范、建立协调行动基础	能力资产、沟通协调、绩效管理
（1）初始级	平台组织管理能力	供应链管理模式选择

6.5.3 初始级到执行级的提升

6.5.3.1 初始级

我们将"医药+医疗"供应链管理成熟度的第一级定义为初始级。此时，利益相关者存在异质有限理性的特征，缺乏共同目标，不能形成协作氛围，责任不明确。低成熟度利益相关者很难对患者需求形成共识。业务流程是随机、不一致的。在流程域也没有定义相应的流程。

6.5.3.2　执行级

我们将"医药+医疗"供应链管理成熟度的第二级定义为执行级，其主要目的是将心智共享模型引入"医药+医疗"供应链管理，为利益相关者实施更高水平、更为复杂的流程做好基础。当达到第二级时，利益相关者就可以看到在"医药+医疗"供应链平台为临时性组织构建了更合理的工作环境，以响应患者需求为中心的利益相关者就可以在协同环境中执行可重复的关键流程。具体如图6.6所示。

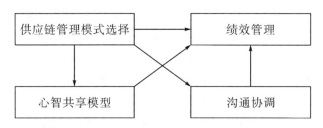

图6.6　初始级到执行级的提升

6.5.3.3　初始级到执行级的提升

根据患者需求，供应链平台应该形成临时的服务响应，在初始级的时候，平台利益相关者联系是松散的，对患者需求的响应也是随机的。患者也未有形成自身偏好的选择。供应链平台上的竞争和原先线下竞争的区别并不大。随着供应链平台对原有供应链模式进行整合，针对患者偏好，可以选择多种医药供应链模式如B2B、B2C或者医药制造商自建平台接入对患者进行服务响应。

为了满足"医药+医疗"供应链管理成熟度提升的要求，"医药+医疗"供应链平台管理机构将共享心智模型引入平台管理机制，从平台利益相关者的服务响应效率和患者满意度等指标对平台利益相关者进行相应的监督管理、信誉培育等基础工作。当慢慢形成一定的关键流程后，成熟度等级达到执行级时，能对患者需求订单进行分析，并在能提供服务响应的利益相关者之间进行沟通协调，这也是从初始级提升到执行级的重要流程。同时，还为利益相关者的信息共享建立了一个很好的文化氛围。其目标包括从平台接收患者需求信息，并能进行无差异化的创新和共享，共享完成后还需对平台服务提供者的服务响应速度及质量等关键问题进行机制追踪，提高为满足患者需求而建立的临时组织的有效协调活动技能。

6.5.4 执行级到控制级的提升

执行级的利益相关者已经能够运用沟通、绩效管理等关键流程协调工作，从这一个级别开始，"医药+医疗"供应链利益相关者就已经有能力识别出其在特定环境中的关键流程。根据第5章中对医药供应链的层级设想和演化博弈分析可以看到，这个时候的利益相关者能够在供应链网络中依据自身资源和竞争力寻求最合适的位置，并寻找符合自身利益最大化的战略，以促进"医药+医疗"供应链管理成熟度的提升。但是，利益相关者不能将自身利益放在供应链的整体利益中进行权衡，是执行级实施的关键流程所无法解决的问题。此时，需要进一步提升成熟度等级，建立能力培养流程、冲突管理流程等。

6.5.4.1 控制级

以专业知识和技能为纽带形成的协同创新工作氛围，并逐渐固化为关键流程的基础能力是"医药+医疗"供应链管理成熟度第三等级的定义。在执行等级上，"医药+医疗"供应链的利益相关者已经能有意识地识别、定义和执行持续提升管理组合能力。

这些关键流程经过执行级阶段的实践检验，已经获得了预期绩效结果，是"医药+医疗"供应链利益相关者在以患者需求为驱动力的临时组织方位内的协同工作中逐渐形成的。在执行级阶段，"医药+医疗"供应链的利益相关者通过执行相应的关键流程并适度发展，通过专业知识和技能的充分沟通理解、协同、整合达到提升绩效水平的目的。尽管因为患者需求不同而导致构建的临时组织具有不同的利益相关者，然而建立的这些共享专业知识、技能和关键流程的知识管理都具有了一定的可重复性。

6.5.4.2 执行级到控制级的提升

执行级到控制级的提升过程如图6.7所示。

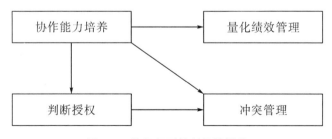

图6.7 执行级到控制级的提升

达到控制级的"医药+医疗"供应链的利益相关者，相较于执行级阶段，已经有能力主动识别关键流程，并将其归纳入管理组合能力中，可以随时提取、分析、定义和执行。当"医药+医疗"供应链定义了一个完成其建设活动的关键流程时，它便为"医药+医疗"供应链管理文化的建立奠定了基础。共同目标确立之后，由于共同目标一般会与"医药+医疗"供应链利益相关者自身利益取向有偏差，需要加强"医药+医疗"供应链管理共同目标的实现。

（1）协调能力培养。帮助临时组织的利益相关者通过各种专业知识和技能整合，并不断提高完成患者需求的服务响应的工作和职责的能力提升是协调能力培养流程。

这一协调能力包括收集甄别"医药+医疗"供应链利益相关者的能力信息、资质信息和与其他利益相关者协同创新的信用信息等，这一能力能为每一位利益相关者参与供应链管理协作提供机会。

（2）量化绩效管理。利益相关者可以使用可度量的目标来量化绩效管理。建立可度量的绩效目标需要识别满足患者需求的服务响应的流程，从中选择对可度量的绩效目标贡献最大的流程，建立可度量目标。关键流程绩效的量化管理能使"医药+医疗"供应链利益相关者按照预测的方向运行，需要进行量化管理的只有对实现项目目标最有贡献的关键流程。其他流程可以不纳入量化管理的范畴。

（3）冲突管理。"医药+医疗"供应链利益相关者的冲突包括满足患者需求过程中工作交接的冲突以及利益相关者之间竞争关系冲突。利益相关者之间冲突在中间阶段非常显著，过程冲突显著增长。需要寻求利益相关者对冲突的一致看法。冲突管理提供了通过识别冲突来源、性质进而提出解决措施。

6.5.5 控制级到优化级的提升

6.5.5.1 优化级

"医药+医疗"供应链利益相关者通过前期的磨合与临时组织构建服务患者需求的工作实践和协作，已经有了丰富的经验，既可以量化专业知识和技能又能识别最大收益流程，还能持续改进其流程。我们将这一阶段称为"医药+医疗"供应链管理成熟度的优化级。

"医药+医疗"供应链管理流程改进包括接纳拥有新技术制造商的所有活动。"医药+医疗"供应链管理利益相关者还可用绩效数据来识别出存在影响供应链绩效的最大问题的环节，进而进行有效的绩效整合。

6.5.5.2 控制级到优化级的提升

流程改进、创新与绩效整合是"医药+医疗"供应链提升至优化级的重点任务。根据环境变化或患者需求持续改进和绩效整合，这一系列过程需要利益相关者对于供应链的整体绩效有着共同的心理契约并能履行相互间的绩效承诺。

控制级到优化级的提升途径如图 6.8 所示。

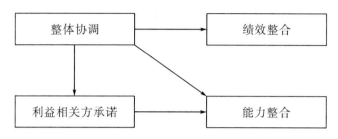

图 6.8　控制级到优化级的提升

（1）利益相关者承诺。承诺是实现已确认对于供应链整体目标的责任感。经过前期执行级、控制级的长期协同合作，各利益相关者已经建立了一定水平的信任感，而我们说信任通过承诺的作用间接地对绩效产生影响。"医药+医疗"供应链利益相关者之间信任感越强，利益相关者的个别目标与供应链的整体目标就越趋于一致，也必然会驱使"医药+医疗"供应链管理绩效更高。我们说，"医药+医疗"供应链利益相关者承诺就是获得较高等级绩效的心理契约基础。

（2）绩效整合。通过量化绩效管理的结果，发现利益相关者之间在"医药+医疗"供应链服务响应的时候是如何匹配绩效的不同部分的，目的是增强利益相关者绩效与供应链整体绩效的整合。这些分析可以战略性地使用绩效管理活动以达到供应链的整体目标。

（3）能力整合。为提高"医药+医疗"供应链管理流程的能力，通过建立可度量的改进目标，制定可测的改进目标和计划，或未完成改进目标而整合专业知识和技能，以此提高供应链管理能力和绩效。

6.6　本章小结

本章通过对"医药+医疗"供应链特点的分析和其存在以患者为中心的临时需求管理问题的阐述，发现要想提高"医药+医疗"供应链的价值增值以及绩效评价模型等进行区别分析，提高"医药+医疗"供应链管理绩效水平，有必要进行"医药+医疗"供应链管理成熟度的研究。

接下来，在系统论的指导下，本章对"医药+医疗"供应链管理绩效进行系统设计与分析，分析了"医药+医疗"供应链管理系统的构成、特征、系统运行结构及其协同程度。最后，本章研究了"医药+医疗"供应链管理成熟度的提升机制，认为管理成熟度提升机制由成熟度等级、目标、流程域、关键流程等系统因素构成，是一种基于关键流程的、分阶段实施和提升"医药+医疗"供应链管理成熟度水平的系统框架，可以被用于指导"医药+医疗"供应链管理成熟度的基础上实施更高级别的成熟度的提升流程。

7 "医药+医疗"供应链
价值增值分析及其对策研究

7.1 "医药+医疗"供应链平台价值增值

7.1.1 供应链价值增值分析

相对于单个企业创造价值的过程，供应链价值是通过供应链平台上利益相关者的多方向多链条信息交叉流动实现的，整个价值创造过程不再局限于单个企业的内部，而是已延伸为平台上利益相关者企业之间的相互协作。

在价值网视角下，各种类型的企业都可以借助此平台获得海量的大数据，并据此做出即时的反应，但是在企业从内部扩展至上下游其他主体的过程中，企业将会面对更大的风险，企业进行战略规划主体的范围必须扩大。在企业战略规划主体扩大的过程中，与同类型、供应链上下游的企业协同配合，融入到整个价值网，是"医药+医疗"供应链价值增值的关键因素。

7.1.1.1 患者信息价值增值

患者通过供应链平台可以寻找自己偏好的合适的就诊、购药的路径。患者也不再被迫选择医疗机构划定的医药产品，以药养医的状况将会被打破，医药分开，但是"医药+医疗"的相关信息却共享于供应链平台上。患者对医疗机构、药品的选择权获得了极大的增加，面向患者、以患者为中心的供应链平台的这种需求将促使医疗机构、医药产品出现良性竞争。医疗机构、医药生产商、零售商都可以借助平台获知患者的精确信息和就诊、购药的个性需求。

"医药+医疗"供应链价值增值的过程少不了以患者为中心的参与，患者个人基础信息和就诊偏好的变化、购药体验成为"医药+医疗"供应链平台上利益相关者企业规模、层级演进动力。"医药+医疗"供应链平台扭转了以企业为中心的服务提供方式，这种演变必然会带来更多的数据，收集线上平台的各利益相关者的基础数据，通过物联网、区块链等技术，分析出患者的就诊偏好、个性化需求、购买渠道偏好、支付偏好、可接受价位等。相关医疗机构可以据此分析，为患者推送相应的消费内容清单，不同的患者能获得个性化的消费偏好服务，终端药企还可以据此构建符合患者信任度的智能药房，医疗机构则能够摆脱以药养医的困境，完全通过平台，借助大数据来改造或升级医疗水平和改善医疗器械。

7.1.1.2　供应链平台信息价值增值

供应链平台借助 VR、云计算、物联网、区块链等技术，构建了医疗机构、医药企业和患者之间的即时、有效信息共享渠道。传统的医药供应链，以药品为中心的供需方式，收益仅限于药品交易所获得的利润。而借助于"医药+医疗"供应链平台，运用新技术进行网络预约就诊和购买药物，将会通过服务终端丰富患者的选择。通过大数据处理技术能逐步打造"互联网+"式价值增值，为患者提供更加即时、便捷、有效的就诊和购药体验。同时，就诊过程中的电子医嘱单、用药选择、电子化实时支付，将极大幅度降低供应链利益相关者交易成本。

7.1.2　价值链网络体系价值增值

传统医药供应链，一般通过与医疗机构的合作，仅关注与医疗机构的合作与沟通环节，截断了与患者之间的沟通，无法实现各个企业的实际生产技术的有效竞争。然而，通过"医药+医疗"供应链平台可以实现供应链网络上的实体药店或批发商、大型药品生产商、患者及医疗机构之间的即时沟通。数据平台和网络平台在优化各方面资源、信息公开方面有着独特的优势，信息即时共享有利于企业形成个性化的生产偏好，企业与企业之间结成战略性同盟，不断对"医药+医疗"供应链价值链网络进行整合，有效降低链上医疗机构、医药上下游企业的运行成本，提高企业管理和运营效率并创出更多企业价值，从而获得价值链网络体系的价值增值。

"医药+医疗"供应链平台的即时信息分享技术，可以切断医疗机构与药品营销之间的直接经济利益关系，让患者加入这一价值链网络中，解决以药补医问题。

7.2 价值增值的途径

7.2.1 智能化场景价值增值

"医药+医疗"供应链平台的构建能转变以往医疗机构和医药企业以价格和核心服务为中心的状态，面向患者的就诊、购药场景，需求信息发布和就诊、用药信息反馈，形成以患者为中心的"医药+医疗"供应链平台布局。以患者为导向、以终端用户为中心，可以从多途径提升终端用户的就诊体验，同时，平台监管功能能在最大限度上保护患者隐私，对医疗机构和各个层级的医药企业进行资格审查，保障了终端用户就诊、用药安全等需求。通过物联网、APP和微信公众号等渠道，并采用云计算、大数据、VR驱动和区块链等新兴科技，扭转以核心企业为导向的传统医药供应链模式，完成以患者需求为导向的转变。

传统医药供应链模式使得终端用户（患者）无法接触药品或者医疗器械的生产环节，也无法通过有效信息了解医生执业水平。然而，"医药+医疗"供应链平台能为患者提供良好信息，方便患者与医药企业和医疗机构进行交互式沟通，整个供应链的流程整合依靠患者就诊、购药需求来驱动。为了让患者更准确和迅速地获得自己所需要的医疗服务和相关医药产品，很有必要在"医药+医疗"供应链平台创建患者就诊、购药终端的智能场景VR。

7.2.2 协同价值增值

患者需求信息在"医药+医疗"供应链平台发布并共享，平台大数据就可以对患者发生咨询和问诊的行为进行匹配，与患者做决策的优先路径相匹配，进行筛选，即是地址优先还是医疗水平优先。相应的医疗机构能够在线上以最快的速度为患者匹配最合适的医生，同时线上的医药供应商接收到患者线上就诊信息，可以将患者需求的药品做好统计并根据患者以往的就诊习惯自动匹配地理位置社区药房、线上销售商或者线上物流直接配送等方式的服务。

以患者为中心的网络化的供应链平台能为医疗机构或者医药企业提供海量的大数据，加快了即时信息共享，同时也加快了医疗机构和医药企业对患者需求的响应速度。这种即时的公开透明的信息发布，将极大程度地让同类型的企业间存在一定的竞争关系，通过患者的就诊体验和用药体验，做出即时的反馈。因此，"医药+医疗"供应链平台适合面向患者进行医疗和医药社会资源的整合，创造出比传统供应链更高的协同价值。

7.2.3 利益相关者聚合价值增值

为了精准获得平台终端用户（患者）就诊偏好、药品需求信息，"医药+医疗"供应链平台对患者个性化需求必须做出即时反应，这也反映了平台中终端用户（患者）参与价值链网络的重要性和必要性。通过平台，患者可与医疗机构、医药生产商、批发商、零售商进行实时的信息交互，进行网上预约就诊、购药需求发布，这也将驱动整个"医药+医疗"供应链系统不断完善。患者不用被动地从医生所提供的有提成的药品中进行选择，真正意义上实现医药分开，根据医生的专业建议，在众多药品信息中，选择个性偏好、以往评价良好的药品，购买满足自己需求的医药产品。从以产品为中心的服务模式转换为以患者为中心的服务模式，需要终端用户（患者）参与到"医药+医疗"供应链系统中来，个性化的需求信息交互将会提高患者对医药产品的认可度。这也是医疗机构、医药产品获得消费者黏性的途径，医药分开阻断了医药企业留给医疗机构的寻租路径。通过消费者黏性，医疗机构、医药企业都能为患者提供后续的健康医疗等服务，这就是"医药+医疗"供应链带来的聚合价值。

7.2.4 产业集群价值增值

"医药+医疗"供应链平台构建能够让医疗机构、医药产业链上中下游企业与终端用户（患者）发生平台化、网络化信息交互。以患者为中心的网络化的供应链平台能为医疗机构或者医药企业提供海量的大数据，加快了即时信息共享。这将大大缩短销售渠道，优化了医药产业链结构，形成医药产业集群价值。"医药+医疗"供应链平台融合了医疗、医药产业链、终端用户（患者），实现了产业集群效应。通过 VR、云计算、物联网等技术实现线上与线下即时响应患者的需求，使患者获得最佳就诊、购买药品体验。结合区块链的技术支撑、信息共享、业务流程整合提升"医药+医疗"供应链运营管理水平。平台集成将构建全新的产业生态系统，获得产业集群的价值增值。详见图 7.1。

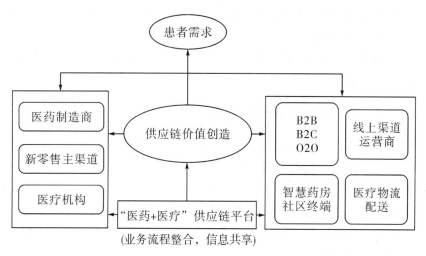

图7.1 "医药+医疗"供应链价值增值体系

7.3 "医药+医疗"供应链平台的医疗服务体制改革

7.3.1 大力发展卫生服务中心和智慧药店

7.3.1.1 发展社区卫生服务

在保证医疗质量的前提下，利用"医药+医疗"供应链地址优先的路径，可以把城市三级以上医院分流到区、街医院。发展社区卫生服务要注意运用适宜技术，侧重运用预防为主、防治结合、社区参与的策略；并注意与区域性医药机构协作，由医药企业提供药品，也保证了社区卫生服务网点的药品供给。同时，建立转诊制度：对不同等级医院设计转诊程序，既可以实现医疗资源的合理分配，也可减少三级以上医院在医疗过程中以药养医的垄断行为。

7.3.1.2 发展智慧药店

在我国，85%左右的药品由医院卖给患者，导致医院垄断，消费者没有更多的知情权和选择权。利用"医药+医疗"供应链平台，信息即时透明，可以阻止"以药养医"和医院独特的买方垄断行为的发生。患者能够通过平台直接与医药企业相互沟通，医药企业也不用再去满足医院的种种"回扣"要求，导致药价虚高的现象。发展智慧药店既是发展卫生服务中心的必然要求，也是提高药店自身竞争能力的途径，也为我国实行医药分开的医疗体制奠定基础。为增强零售药店与医院的竞争力，减少医院的垄断行为，建议：

（1）加大对大型智慧药店发展的政策支持力度，增加网络覆盖面，特别是要深入社区和农村市场。

（2）通过"医药+医疗"供应链平台建立全面系统的质量保障制度，增加消费者购药安全感。

7.3.2 建立中国医药创新价值链的策略

为提高医药产业链的价值增值，提高医药企业创新能力、竞争能力和服务大众的能力，凝练企业间的协同价值，医疗机构和医药产业应该面向终端用户（患者），以市场为导向，着眼于内涵式发展，着眼于快速响应患者需求，通过供应链平台实现运营管理方、医疗机构、医药产业和患者多方信息共享，获得供应链价值增值。这一价值增值过程是借助新技术革命，将实现供应链上所有企业的经济效益作为一项系统工程，也能极大程度促进医药行业持续、快速地发展。

7.3.2.1 市场竞争环境

面向患者、以患者为中心的供应链平台的需求将促使医疗机构、医药产品出现良性竞争。医疗机构医药生产、零售商都可以借助平台获得患者的精确信息和就诊、购药的个性需求，识别潜藏的市场机会，识别企业所面对的市场特征和市场机会，对患者信息、现有竞争者及潜在竞争者进行深入研究，做好企业核心竞争力分析。

7.3.2.2 终端用户（患者）价值增值

"医药+医疗"供应链价值增值的过程少不了以患者为中心的参与，患者个人基础信息和就诊偏好的变化、购药体验成为"医药+医疗"供应链平台上利益相关者企业规模、层级演进的动力。供应链平台的利益相关者的目标均在于有效提高服务终端用户（患者）的效率并获得较低的交易成本。通过供应链平台能够获得海量的患者基础信息，从而有利于医药企业从患者偏好的角度来规划药品和相应的服务，并寻求最低的交易成本。只有真正做到以患者为中心的"医药+医疗"供应链平台，才能从患者价值的角度挖掘企业价值并获得相应的增值。在整个供应链平台上的患者个性需求是驱动整个供应链价值增值的源头。

7.3.2.3 企业协作价值增值

以最终用户（患者）为中心，驱动医药企业产品定位，供应链上的相关企业要确定在供应链网络中的策略选择。我们在第5章已经构建了医药供应链中的层级核心企业结构，并对影响供应链中的复杂关系的因素进行了深入分析，模拟了医药供应链网络系统动态协同演进过程。动态协同及演进过程可使企业清楚地认识到自身要选择网络中的什么样的位置，确定自身的战略决策并寻找合适的合作伙伴联盟方式，也能获得控制整体运作的综合成本降低策略。企业选择的合作伙伴往往与企业定位相关。第5章的研究也表明，当实施"两票制"改革时，医药供应链网络系统会形成一个完全的特权组织。这是大型研产销一体化企业集团的内在形成机制。一个企业通过采用大规模集中化管理模式，能在整个药品流通过程中把生产商、批发商与零售商紧密结合成一个整体。这种大型研产销一体化企业集团的模式加快了信息流通速度和信息反馈速度，从而实现了供应链网络中的规模经济和成本领先。

8 总结与展望

8.1 研究总结

近年来，随着大数据处理、物联网、人工智能技术等和全渠道医药零售网络的迅速发展，国家密集出台了"两票制""三医联动"等政策，持续加大对医药行业和医药供应链的监管力度，并加快了对医药行业供应链进行整合的速度，如去中心化并积极发展医药服务平台、B2C、B2B 等模式的运用。这也是当前医药企业发展的主流方向。

在"两票制""三医联动"等政策背景下，如何提高医药企业服务患者需求能力、降低供应链成本、提升供应链竞争力是如今医药供应链上的主体企业面临的问题，也让这些企业思考如何实现医药供应链的协同创新，真正提升供应链的价值。首先，必须打破原有传统的供应链管理思想和淘汰传统的分散独立"以药养医"经营模式。在医药新零售的推动下，市场竞争已越发激烈，综合运用大数据处理、物联网、人工智能等技术，形成以患者为中心的"医药+医疗"供应链平台布局显得尤为重要。

"医药+医疗"供应链平台的构建能转变以往医疗机构和医药企业以价格和核心服务为中心的状态，面向患者的就诊、购药场景，需求信息发布和就诊、用药信息反馈，形成以患者为中心的"医药+医疗"供应链平台布局。它通过融合医药供应链的上下游企业、医疗机构、政府、终端用户（患者）等众多利益相关者，创新价值链网络。运用新零售新科技，不断创新医疗、医药企业面向患者的服务流程、变革"医药+医疗"供应链平台运营管理流程，实现企业内涵式增长，需要采用新的策略：

（1）设置智能供应场景。

（2）以患者为中心驱动的供应链平台。

通过终端用户（患者）大数据分析，按住址就近服务的同时，精准匹配患者需求。采用医疗、医药评价线上线下反馈和医药新零售物流配送。

（3）积极运用"医药+医疗"供应链信息即时分享方式。

针对"医药+医疗"供应链平台构建及后续发展，全书的研究成果有：

本书以国家医药行业相关政策为导向，结合医药流通企业实际，对医药企业供应链创新模式进行探讨。综上所述，全书主要从以下五个方面对目前的情况进行了分析：

（1）深入分析医药供应链的利益相关者，认为医药供应链上也包括了医药供应商购买药品原材料、医疗机构和医药生产商采购相关设备、医药生产商通过批发或零售方式给终端用户（患者）提供合适的药品、患者到医院就诊、医生为患者诊断病情等众多组织行为环节。并确定利益相关者涉及三个重要参与方组织行为环节的为医药供应链的内部利益相关者，而涉及对医药供应链提供政策、金融、物流等服务的为其外部利益相关者。通过利益相关者分析，一是能对医药供应链上的利益相关者权益进行再评估，找出影响医药供应链利益的关键问题；二是能充分挖掘利益相关者需求，找到现有政策存在的问题。

（2）通过医药分开、医疗与医药环节协作，创建了以患者为中心的"医药+医疗"供应链平台，并对平台的创新主体协作模式、新模式信息流通机制、创新供应链技术框架进行了详细分析。

（3）根据我国目前的医药供应链的业务模式，构建医药供应链中的上下游核心企业结构分层网络，对影响供应链中的复杂关系的因素进行了深入分析，模拟了医药供应链网络系统协同竞争演化。研究表明，当实施"两票制"改革时，医药供应链网络系统会形成一个完全的特权组织。这是大型研产销一体化企业集团的内在形成机制。

（4）通过对"医药+医疗"供应链特点的分析和其存在以患者为中心的临时需求管理问题的阐述，要想提高"医药+医疗"供应链的价值增值以及对绩效评价模型等进行区别分析，提高"医药+医疗"供应链绩效管理水平，有必要进行"医药+医疗"供应链管理成熟度的研究。

在系统论的指导下，对"医药+医疗"供应链管理绩效进行系统设计与分析，分析了"医药+医疗"供应链管理系统构成、特征、系统运行结构及其协同程度。最后，研究了"医药+医疗"供应链管理成熟度的提升机制，认为管理成熟度提升机制由成熟度等级、目标、流程域、关键流程等系统因素构成，是一种基于关键流程的、分阶段实施和提升"医药+医疗"供应链管理成熟度水平的系统框架，可以在将其运用于指导"医药+医疗"供应链管理成熟度的基础上，实施更高级别的成熟度的提升流程。

（5）"医药+医疗"供应链平台融合了医疗、医药产业链、终端用户（患者），实现了产业集群效应。通过 VR、云计算、物联网等技术实现线上与线下即时响应患者的需求，使得患者获得最佳就诊、购买药品体验。结合区块链的技术支撑、信息共享、业务流程整合提升。平台打造了医药供应链的新产业生态系统，获得了价值增值。对价值增值进行了详细的分析，提出了相应的政策建议。同时，强烈建议引入最新的医药社区智能终端，提升社区医疗服务水平。给出了"医药+医疗"供应链价值增值路径。"医药+医疗"供应链平台创新价值链增值模式通过大数据流通机制破坏性变革传统商业模式并创新与重构，并不是简单地将现有的供应链上下游企业各种业态叠加。

8.2 研究展望

本书提出的创新医药供应链新模式能改变"以药养医"的陋习，同时也能为构建"医药+医疗"供应链平台提供相关建议。本书创新之处在于：

（1）建立了完整的以患者为中心的"医药+医疗"供应链平台，用直观的图示方法展现；

（2）用演化博弈的方法解释复杂的供应链系统中大型研产销一体化企业集团的内在形成机制；

（3）建立"医药+医疗"供应链平台模型，及其供应链价值增值路径，指出"医药+医疗"供应链平台创新价值链增值模式通过大数据流通机制破坏性变革传统商业模式并创新与重构，并不是简单地将现有的供应链上下游企业各种业态叠加。

本书在对我国当前的医药供应链模式进行深入分析的前提下，运用利益相关者理论，分析了医药供应链内外部的利益相关者，找出了供应链利润低下的关键问题，指出了其中的薄弱环节所在，并提出了"医药+医疗"供应链平台的解决方案。可仅有研究结果仍不足以改变我国当前的过度医疗情况。此研究还存在以下几方面的问题，需要笔者以后继续深入研究：

（1）系统整体评价。通过创新"医药+医疗"供应链能极大幅度地提升医药供应链柔性、协调性和适应性，提高医药企业适应医药市场的动态环境。对于创新的供应链模式，本书只选取大型医药企业进行了基于准自然实验的运营效率评价，而对于创新供应链本身并没有进行系统的整体评价。这主要是因为这一创新模式的提出，受限于缺乏目前运行效率的数据。有必要对创新医药供应链进一步做整体评价。

（2）政策建议。合作意识不强、传统模式阻碍等问题决定了"医药+医疗"供应链模式的重构还有很长的一段路要走。政府的引导在这里具有很重要的作用，"两票制"就是很积极的改革举措。只有通过良好的制度安排，第一步走好医药分开，第二步加强医药企业之间合作，在医药供应链上下游企业中实现供应链网络中企业的动态调整，才能让平台真正发生作用。此次研究只分析了相关的政策取向，并没有提出详细的政策建议。为此，有必要进行进一步的深入分析。

参考文献

一、中文文献

［1］艾晓玉，尹继东，2015. 协同创新的动态演进机制：基于 CAS 理论的分析框架［J］. 科技管理研究，35（18）：161-165.

［2］白俊红，卞元超，2015. 政府支持是否促进了产学研协同创新［J］. 统计研究，32（11）：43-50.

［3］蔡理铖，孙养学，2013. 基于 DEA 和 SFA 的生物制药企业效率研究［J］. 科技管理研究，33（2）：93-96.

［4］曹锋，2017. 区块链驱动供应链创新［J］. 中国物流与采购，8：31-33.

［5］曹荣桂，陈洁，2005. 医院管理学（经营管理分册）［M］. 北京：人民卫生出版社，67-70.

［6］曾冰，2020. 高铁开建提升了城市创新效率吗？——基于 PSM-DID 的实证分析［J］. 西南民族大学学报（人文社科版），41（4）：104-110.

［7］常路，汪旭立，符正平，2019. 高校及科研院所机构协同创新绩效的影响因素研究：基于社会网络的视角［J］. 科技管理研究，39（14）：100-108.

［8］陈冰，吉生保，2013. 中国医药行业上市公司的绩效评价及影响因素：基于面板数据的 DEA-Tobit 实证研究［J］. 中央财经大学学报，8：62-68.

［9］陈何清，2016. 基于区块链的 IMIX 传输系统的设计与实现［D］. 南京：南京大学.

［10］陈红喜，2009. 基于三螺旋理论的政产学研合作模式与机制研究［J］. 科技进步与对策，26（24）：6-8.

［11］陈劲，阳银娟，2012. 协同创新的理论基础与内涵［J］. 科学学研究，30（2）：161-164.

［12］邓生君，2002. 我国医药分销企业供应链管理中的供应商选择研究［D］. 北京：北京航空航天大学.

［13］邓小军，2011. 基于组织成长的企业集团财务管理模式选择研究［J］. 中国市场，6：40-41.

［14］范群林，邵云飞，尹守军，2014. 企业内外部协同创新网络形成机制：基于中国东方汽轮机有限公司的案例研究［J］. 科学学研究，32（10）：169-179.

［15］高涛，曲林迟，唐韵捷，徐哲，2020. 中国上市航运企业效率评价及影响因素测算［J］. 广西大学学报（自然科学版），45（3）：707-716.

［16］郭仁正，2015. 可视化智能供应链的构建［J］. 物流技术与应用，3：87-90.

［17］哈肯，2001. 协同学：大自然构成的奥秘［M］. 凌复华，译. 上海：上海译文出版社，9-21.

［18］侯艳红，丛萌，2012. 中美两国医药供应链拓扑结构比较研究［J］. 现代管理科学，4：115-117.

［19］胡昌婷，李玲，2017. 基于 TIM 理论视角下的协同创新中心运行机制之构建［J］. 行政与法，12：85-91.

［20］胡恩华，刘洪，2007. 基于协同创新的集群创新企业与群外环境关系研究［J］. 科学管理研究，3：23-26.

［21］胡正东，李利华，王国明，等，2011. 医药生产企业与医药批发企业合作关系的进化博弈分析［J］. 企业物流，45：53-55.

［22］黄朔，陈剑，2006. 药品流通供应链评价指标体系的构建思路探讨［J］. 中国药房，14：1046-1048.

［23］黄晓芳，徐蕾，杨茜，2017. 一种区块链的云计算电子取证模型［J］. 北京邮电大学报，5：1-4.

［24］冀书鹏，2003. 打造商战罗盘斯莱沃斯基经验主义商学脉络及其应用［J］. 国际经济评论，0（5）：60-63.

［25］解学梅，方良秀，2015. 国外协同创新研究述评与展望［J］. 研究与发展管理，27（4）：16-24.

［26］解学梅，刘丝雨，2015. 协同创新模式对协同效应与创新绩效的影响机理［J］. 管理科学，28（2）：27-39.

［27］解学梅，徐茂元，2014. 协同创新机制、协同创新氛围与创新绩效：以协同网络为中介变量［J］. 科研管理，35（12）：9-16.

[28] 解学梅，左蕾蕾，刘丝雨，2014. 中小企业协同创新模式对协同创新效应的影响：协同机制和协同环境的双调节效应模型 [J]. 科学学与科学技术管理，35 (5)：72-81.

[29] 李恩极，李群，2018. 政府主导的产学研协同创新的利益分配机制研究 [J]. 研究与发展管理，30 (6)：75-83.

[30] 李鹏，李美娟，陈维花，2019. 企业 R&D 投入与产学研协同创新绩效分析 [J]. 统计与决策，35 (2)：183-185.

[31] 李维安，王世权，2007. 利益相关者治理理论研究脉络及其进展探析 [J]. 外国经济与管理，4：10-17.

[32] 李晓，刘正刚，2017. 基于区块链技术的供应链智能治理机制 [J]. 中国流通经济，31 (11)：34-44.

[33] 李洋，王辉，2004. 利益相关者理论的动态发展与启示 [J]. 现代财经，7：73-75.

[34] 李竹梅，刘蓉，和红伟，秦婧华，2016. 基于 SE-DEA 模型的医药行业效率实证研究 [J]. 财会通讯，14：26-28.

[35] 刘秉镰，林坦，刘玉海，2010. 规模和所有权视角下的中国钢铁企业动态效率研究：基于 Malmquist 指数 [J]. 中国软科学，1：150-157.

[36] 刘磊，孙雁飞，朱金龙，2019. 我国信息产业协同创新机制研究 [J]. 中国高校科技，23 (6)：90-93.

[37] 刘晔，张训常，蓝晓燕，2016. 国有企业混合所有制改革对全要素生产率的影响：基于 PSM-DID 方法的实证研究 [J]. 财政研究，10：63-75.

[38] 刘懿，方玉，2020. 国有上市企业运营效率测算和时空演进分析 [J]. 经济地理，40 (2)：117-124，131.

[39] 鲁维维，2017. 区块链技术在供应链管理中的应用研究 [J]. 当代经济，10：98-99.

[40] 路洪泉，2004. 我国医药行业中的供应链管理实证研究与对策分析 [D]. 北京：北京航空航天大学.

[41] 马士华，林勇，陈志祥，2000. 供应链管理 [M]. 北京：机械工业出版社，5.

[42] 马小峰，杜明晓，余文兵，王意，2018. 基于区块链的供应链金融服务平台 [J]. 大数据，1：13-21.

[43] 马鑫，黄一倩，2010. 中国医药供应链现状分析 [J]. 物流科技，33 (6)：100-102.

［44］迈克尔·波特，1997. 竞争优势［M］. 陈小悦，译. 北京：华夏出版社，33-53.

［45］孟庆春，李慧慧，2015. 基于SNA的蓝黄两区物流产业竞合关系研究［J］. 山东大学学报（理学版），0（8）：1-9.

［46］潘波，2005. 供应链管理在药品生产企业成本控制中的运用［D］. 上海：复旦大学.

［47］荣德义，2006. 浅议药品物流成本控制的途径［J］. 商业时代，33：30-31.

［48］沈笑寒，周志鹏，2019. 基于博弈论的医药供应链合作问题研究［J］. 物流技术，38（1）：94-97

［49］石庆泉，等，2004. 我国医院的供应链管理模式与构建［J］. 武汉理工大学学报（社会科学版），1：45-49.

［50］宋皭，2003. 国有小型医药批发企业改制与发展研究［D］. 南京：东南大学.

［51］宋华，卢强，2016. 基于虚拟产业集群的供应链金融模式创新：创捷公司案例分析［J］. 中国工业经济，5：172-192.

［52］宋伟，康卫敏，赵树良，2018. 我国协同创新研究的知识图谱分析：基于CSSCI（1998—2017）数据［J］. 西南民族大学学报（人文社科版），39（6）：226-234.

［53］宋远方，宋华，2005. 医药物流与医疗供应链管理［M］. 北京：北京大学出版社，6.

［54］孙丽华，倪庆东，2016. 基于价值链管理视角的企业财务战略管理［J］. 山东社会科学，10：126-130.

［55］王广生，2019. 我国生物医药上市公司运营效率影响因素实证研究［J］. 许昌学院学报，38（3）：125-129.

［56］王进富，张颖颖，苏世彬，等，2013. 产学研协同创新机制研究：一个理论分析框架［J］. 科技进步与对策，30（16）：1-6.

［57］王燕，2012. 政府投资项目建设市场化改革及其绩效研究［D］. 长沙：中南大学.

［58］王竹泉，赵爽，2013. 基于利益相关者理论企业控制体系的控制边界研究［J］. 财会通讯，21：83-85，129.

［59］吴洁，车晓静，盛永祥，等，2019. 基于三方演化博弈的政产学研协同创新机制研究［J］. 中国管理科学，27（1）：162-173.

[60] 吴延兵，米增渝，2011. 创新、模仿与企业效率：来自制造业非国有企业的经验证据 [J]. 中国社会科学，4：77-94，222.

[61] 谢识予，2002. 经济博弈论 [M]. 上海：复旦大学出版社.

[62] 徐梦丹，朱桂龙，马文聪，2017. 产学研协同创新动力机制分析：基于自组织特征视角 [J]. 技术经济与管理研究，6：9-13.

[63] 许庆瑞，谢章澍，2004. 企业创新协同及其演化模型研究 [J]. 科学学研究，3：327-332.

[64] 杨昌，2007. 中国医药供应链绩效评价体系研究 [D]. 哈尔滨：哈尔滨工业大学.

[65] 杨瑞龙，周业安，2000. 企业的利益相关者理论及其应用 [M]. 北京：经济科学出版社.

[66] 杨玉桢，李姗，2019. 基于因子分析的产学研协同创新绩效评价研究 [J]. 数学的实践与认识，49（3）：21-28.

[67] 杨正宇，王重鸣，谢小云，2003. 团队共享心智模型研究新进展 [J]. 人类工效学，9（3）：34-37.

[68] 叶堂林，陈伟国，2006. 新时期我国医药零售连锁业的发展现状、问题及对策研究 [J]. 江苏商论，5：21-23.

[69] 叶堂林，2006. 经济全球化背景下我国医药连锁业的供应链管理战略研究 [J]. 改革与战略，7：15-17.

[70] 余根强，2003. 医药企业购并整合与供应链管理 [D]. 武汉：华中科技大学.

[71] 余文涛，周小亮，游万海，2017. 行业税负、企业规模异质性与生产效率：基于江苏省创意产业的经验证据 [J]. 南京航空航天大学学报（社会科学版），19（4）：18-24，36.

[72] 张光明，刘君晓，2020. 医药供应链创新模式及路径 [J]. 物流科技，2：135-138.

[73] 张建中，2005. 从供应链角度提升医药行业的竞争力 [D]. 上海：上海交通大学.

[74] 张体勤，2002. 知识团队的绩效管理 [M]. 北京：科学出版社.

[75] 张维迎，2000. 博弈论与信息经济学 [M]. 上海：上海人民出版社.

[76] 张志华，王红月，杜万恒，2019. 战略性新兴产业协同创新网络影响企业创新绩效的实证研究 [J]. 技术与创新管理，40（2）：151-157.

[77] 赵丽洁，2020. 基于利益相关者理论的光明乳业财务绩效评价研究

［D］. 大庆：黑龙江八一农垦大学.

［78］中华人民共和国国家质量监督检验检疫总局，中国国家标准化管理
委员会，2007. 中华人民共和国国家标准：物流术语（GB/T18354-2006）
［M］. 北京：中国标准出版社，3.

［79］周开国，卢允之，杨海生，2017. 融资约束、创新能力与企业协同创新
［J］. 经济研究，52（7）：94-108.

［80］周立群，李智华，2016. 区块链在供应链金融的应用［J］. 信息系统
工程，7：49-51.

［81］周志鹏，朱启涛，2019. 医药供应链利益相关者分析［J］. 物流科技，
2：152-156.

二、参考文献

［1］AARIKKA STENROOS L, JAAKKOLA E, 2012. Value co-creation in
knowledge intensive business services: A dyadic perspective on the joint problem sol-
ving process［J］. Industrial Marketing Management, 41（1）：15-26.

［2］AHVENINEN J, KÄHKÖNEN S, TIITINEN H, et al., 2000. Suppression
of transient 40-Hz auditory response by haloperidol suggests modulation of human selec-
tive attention by dopamine D2 receptors［J］. Neuroscience Letters, 292（1）：29-32.

［3］ALDERSON W, 1950. Marketing Efficiency and the Principle of Post-
ponement［M］. Cost and Profit Outlook, Berkeley.

［4］ANDERSSON CEDERHOLM E, GYIMÓTHY S, 2010. The service triad:
Modelling dialectic tensions in service encounters［J］. The Service Industries Jour-
nal, 30（2）：265-280.

［5］ANSOFF, 1957. Strategies for Diversification［J］. Harvard Business Re-
view, 35（5）：113-124.

［6］AZARIA A, EKBLAW A, VIEIRA, T, et al., 2016. Medrec: Using
blockchain for medical data access and permission management［C］// 2016 2nd in-
ternational conference on open and big data（OBD）. IEEE, 8：25-30.

［7］BAIR J, GEREFFI G, 2001. Local clusters in global chains: the causes
and consequences of export dynamism in Torreon's blue jeans industry［J］. World
Development, 29（11）：1885-1903.

［8］BATTEZZATI L, MAGNANI R, 2000. Supply chains for FMCG and in-
dustrial products in Italy: practices and the advantages of postponement［J］. Interna-

tional Journal of Physical Distribution & Logistics Management, 30 (5): 413-424.

[9] BHAKOO V, CHAN C, 2011. Collaborative implementation of e-business processes within the health-care supply chain: the Monash Pharmacy Project [J]. Supply Chain Management: An International Journal, 16 (3): 184-193.

[10] BISWAS K, MUTHUKKUMARASAMY V, 2016. Securing smart cities using blockchain technology [C] // 2016 IEEE 18th international conference on high performance computing and communications; IEEE 14th international conference on smart city; IEEE 2nd international conference on data science and systems (HPCC/SmartCity/DSS). IEEE, 12: 1392-1393.

[11] BJORNSSON T D, CALLAGHAN J T, EINOLF H J, et al., 2003. The conduct of in vitro and in vivo drug-drug interaction studies: a Pharmaceutical Research and Manufacturers of America (PhRMA) perspective [J]. Drug metabolism and disposition, 31 (7): 815-832.

[12] CECCONI C, SHANK E A, BUSTAMANTE C, et al., 2005. Direct observation of the three-state folding of a single protein molecule [J]. Science, 309 (5743): 2057-2060.

[13] CHAKKOL M, JOHNSON M, RAJA J, et al., 2014. From goods to solutions: how does the content of an offering affect network configuration? [J]. International Journal of Physical Distribution & Logistics Management, 44 (1/2): 132-154.

[14] CHRISTIDIS K, M DEVETSIKIOTIS, 2016. Blockchains and smart contracts for the internet of things [J]. IEEE Access, 4: 2292-2303.

[15] CHRISTOPHER M, TOWILL D, 2001. An integrated model for the design of agile supply chains [J]. International Journal of Physical Distribution & Logistics Management, 31 (4): 235-246.

[16] CHRISTY D P, 1993. Mass Customisation: The New Frontier in Business Competition [M]. Boston: Harvard Business School Press.

[17] COOKEP, 1992. Regional Innovation: Institutional and Organization Dimensions [J]. Research Policy, 26 (1): 156-171.

[18] DENNIS R, OWEN G, 2015. Rep on the block: A next generation reputation system based on the blockchain [C] //2015 10th International Conference for Internet Technology and Secured Transactions (ICITST). IEEE, 12: 131-138.

[19] ERENGÜÇ Ş S, SIMPSON N C, VAKHARIA A J, 1999. Integrated production/distribution planning in supply chains: An invited review [J]. European

Journal of Operational Research, 115 (2): 219-236.

[20] ESHUIS R, GREFEN P, 2008. Constructing customized process views [J]. Data & Knowledge Engineering, 64 (2): 419-438.

[21] ETZKOWITZ H, LEYDESDORFF L, 1995. The Triple Helix: University -industry-government relations: A laboratory for knowledge based economic development [J]. EASST review, 14 (1): 14-19.

[22] FACHRUNNISA O, 2011. A performance-driven incentive-based approach for successful service delivery [C] //5th IEEE International Conference on Digital Ecosystems and Technologies (IEEE DEST 2011). IEEE, 5: 324-329.

[23] FERRIN D L, DIRKS K T, 2003. The use of rewards to increase and decrease trust: Mediating processes and differential effects [J]. Organization science, 14 (1): 18-31.

[24] GADDE L E, HUEMER L, HÅKANSSON H, 2003. Strategizing in industrial networks [J]. Industrial Marketing Management, 32 (5): 357-364.

[25] GARAY J, KIAYIAS A, LEONARDOS N, 2015. The bitcoin backbone protocol: Analysis and applications [C] // Annual international conference on the theory and applications of cryptographic techniques. Springer, Berlin, Heidelberg, 4: 281-310.

[26] GONZáLEZ E, GASCÓN F, 2004. Sources of productivity growth in the Spanish pharmaceutical industry (1994—2000) [J]. Research Policy, 33 (5): 735-745.

[27] GRANT R M, BADEN-FULLER C, 2004. A knowledge accessing theory of strategic alliances [J]. Journal of Management Studies, 41 (1): 61-84.

[28] GROUNDY T, 2010. Takeover likelihood modelling: target profile and portfolio returns [J]. university of glasgow, 21: 13-15.

[29] GULATI R, 1998. Alliances and networks [J]. Strategic Management Journal, 19 (4): 293-317.

[30] HASHIMOTO A, HANEDA S, 2008. Measuring the change in R&D efficiency of the Japanese pharmaceutical industry [J]. Research policy, 37 (10): 1829-1836.

[31] HERBAUT N, NEGRU N, 2017. A model for collaborative blockchain-based video delivery relying on advanced network services chains [J]. IEEE Communications Magazine, 55 (9): 70-76.

[32] HINES C O, 1988. A modeling of atmospheric gravity waves and wave

drag generated by isotropic and anisotropic terrain [J]. Journal of Atmospheric Sciences, 45 (2): 309-322.

[33] HU Q, SCHWARZ L B, 2011. Controversial role of GPOs in healthcare-product supply chains [J]. Production and Operations Management, 20 (1): 1-15.

[34] HUH S, CHO S, KIM S, 2017. Managing IoT devices using blockchain platform [C] // 2017 19th international conference on advanced communication technology (ICACT). IEEE, 2: 464-467.

[35] HULT G T M, KETCHEN JR D J, 2001. Does market orientation matter?: A test of the relationship between positional advantage and performance [J]. Strategic Management Journal, 22 (9): 899-906.

[36] IACOBUCCI D, ZERRILLO P, 1996. Multiple levels of relational marketing phenomena in Networks in Marketing [M]. Sage Publications, Newbury Park, CA: 387-409.

[37] IANSITI M, LEVIEN R, 2002. The new operational dynamics of business ecosystems: Implications for policy, operations and technology strategy [M]. Boston, MA: Division of Research, Harvard Business School, 03-30.

[38] JAMBULINGAM T, KATHURIA R, NEVIN J R, 2009. How fairness garners loyalty in the pharmaceutical supply chain: Role of trust in the wholesaler-pharmacy relationship [J]. International Journal of Pharmaceutical and Healthcare Marketing, 3 (4): 305-322.

[39] KING S, NADAL S, 2012. Ppcoin: Peer-to-peer crypto-currency with proof-of-stake [J]. self-published paper, August, 19 (1).

[40] LAMBERT D M, COOPER M C, PAGH J D, 1998. Supply chain management: implementation issues and research opportunities [J]. The International Journal of Logistics Management, 9 (2): 1-20.

[41] LEE J H, PILKINGTON M, 2017. How the blockchain revolution will reshape the consumer electronics industry (future directions) [J]. IEEE Consumer Electronics Magazine, 6 (3): 19-23.

[42] LI M E I, CHOI T Y, 2009. Triads in services outsourcing: bridge, bridge decay and bridge transfer [J]. Journal of Supply Chain Management, 45 (3): 27-39.

[43] LINN L A, KOO M B, 2016. Blockchain for health data and its potential use in health it and health care related research [M] // ONC/NIST Use of Block-

chain for Healthcare and Research Workshop. Gaithersburg, Maryland, United States: ONC/NIST. sn: 1–10.

[44] METCALFE S, 1995. The economic foundations of technology policy: equilibrium and evolutionary perspectives [J]. Handbook of the economics of innovation and technological change, 14 (1): 14–19.

[45] MILETO A, MARIN D, ALFARO–CORDOBA M, et al., 2014. Iodine quantification to distinguish clear cell from papillary renal cell carcinoma at dual–energy multidetector CT: a multireader diagnostic performance study [J]. Radiology, 273 (3): 813–820.

[46] NAKAMOTO S, 2008. Bitcoin: A peer–to–peer electronic cash system [J]. Decentralized Business Review, 21: 260.

[47] PAL D, CHAKRABORTY C, GHOSE A, 2018. Is There any Improvement in Total Factor Productivity Growth of Indian Pharmaceutical Industry after TRIPS Agreement?: Evidence from Biennial Malmquist Index [J]. The Central European Review of Economics and Management (CEREM), 2 (3): 55–80.

[48] PAZIRANDEH A, 2011. Sourcing in global health supply chains for developing countries: literature review and a decision making framework [J]. International Journal of Physical Distribution & Logistics Management, 41 (4): 364–384.

[49] PORTER M E, 1985. Competitive Strategy: Techniques for Analyzing Industries and Competitors [J]. Social Science Electronic Publishing, 2: 86–87.

[50] RAGAZZI F, 2014. A comparative analysis of diaspora policies [J]. Political Geography, 41: 74–89.

[51] REINER G, TRCKA M, 2004. Customized supply chain design: Problems and alternatives for a production company in the food industry: A simulation based analysis [J]. International Journal of Production Economics, 89 (2): 217–229.

[52] SCHUMPETER J A, 1912. Theory of Economic Development [M]. Cambridge Massachusetts: Harvard University Press, 25–36.

[53] SCHWARTZ D, YOUNGS N, BRITTO A, 2014. The ripple protocol consensus algorithm [J]. Ripple Labs Inc White Paper, 5 (8): 151.

[54] SCHWARZ L B, ZHAO H, 2011. The unexpected impact of information sharing on US pharmaceutical supply chains [J]. Interfaces, 41 (4): 354–364.

[55] SELVIARIDIS K, SPRING M, ARAUJO L, 2013. Provider involvement in business service definition: A typology [J]. Industrial Marketing Management, 42

(8)：1398-1410.

[56] SHANLEY A, 2017. Could Blockchain improve pharmaceutical supply chain security [J]. Pharmaceutical Technology, 1：34-39.

[57] SULZER D, MAIDMENT N T, RAYPORT S, 1993. Amphetamine and other weak bases act to promote reverse transport of dopamine in ventral midbrain neurons [J]. Journal of Neurochemistry, 60 (2)：527-535.

[58] TIAN F, 2016. An agri-food supply chain traceability system for China based on RFID & blockchain technology [C] // 2016 13th international conference on service systems and service management (ICSSSM). IEEE, 6：1-6.

[59] TUNYI A A, 2014. Takeover likelihood modelling：target profile and portfolio returns [D]. Doctoral dissertation, University of Glasgow.

[60] VAN DEN BERGHE L, GUILD P D, 2008. The strategic value of new university technology and its impact on exclusivity of licensing transactions：An empirical study [J]. The Journal of Technology Transfer, 33 (1)：91-103.

[61] VARGO S L, LUSCH R F, 2008. Service-dominant logic：continuing the evolution [J]. Journal of the Academy of marketing Science, 36 (1)：1-10.

[62] VECCHIONE A, 2017. Blockchain tech could track pharmacy supply chain [J]. Drug Topics, 161 (11)：21.

[63] WANG X, FENG L, ZHANG H, ET AL., 2017. Human resource information management model based on blockchain technology [C] // 2017 IEEE symposium on service-oriented system engineering (SOSE). IEEE, 4：168-173.

[64] WATANABE H, FUJIMURA S, NAKADAIRA A, et al., 2015. Blockchain contract：A complete consensus using blockchain [C] // 2015 IEEE 4th global conference on consumer electronics. IEEE, 10：577-578.

[65] ZYSKIND G, NATHAN O, 2015. Decentralizing privacy：Using blockchain to protect personal data [J] // 2015 IEEE Security and Privacy Workshops. IEEE, 5：180-184.